教養としてのアート
投資としてのアート

The Art as Culture and Investment

ビジネスパーソンが身につけたい基礎教養

徳光健治

KENJI TOKUMITSU

CROSSMEDIA PUBLISHING

教養としてのアート 投資としてのアート 目次

Contents
The Art as Culture and Investment

Contents
The Art as Culture and Investment

第VIII章 アートの新しい評価軸

第IX章 投資としてのアート購入の鉄則

プロローグ

日本のアート・マーケットの夜明けに知っておきたいこと

© 榊貴美

プロローグ
日本のアート・マーケットの夜明けに知っておきたいこと

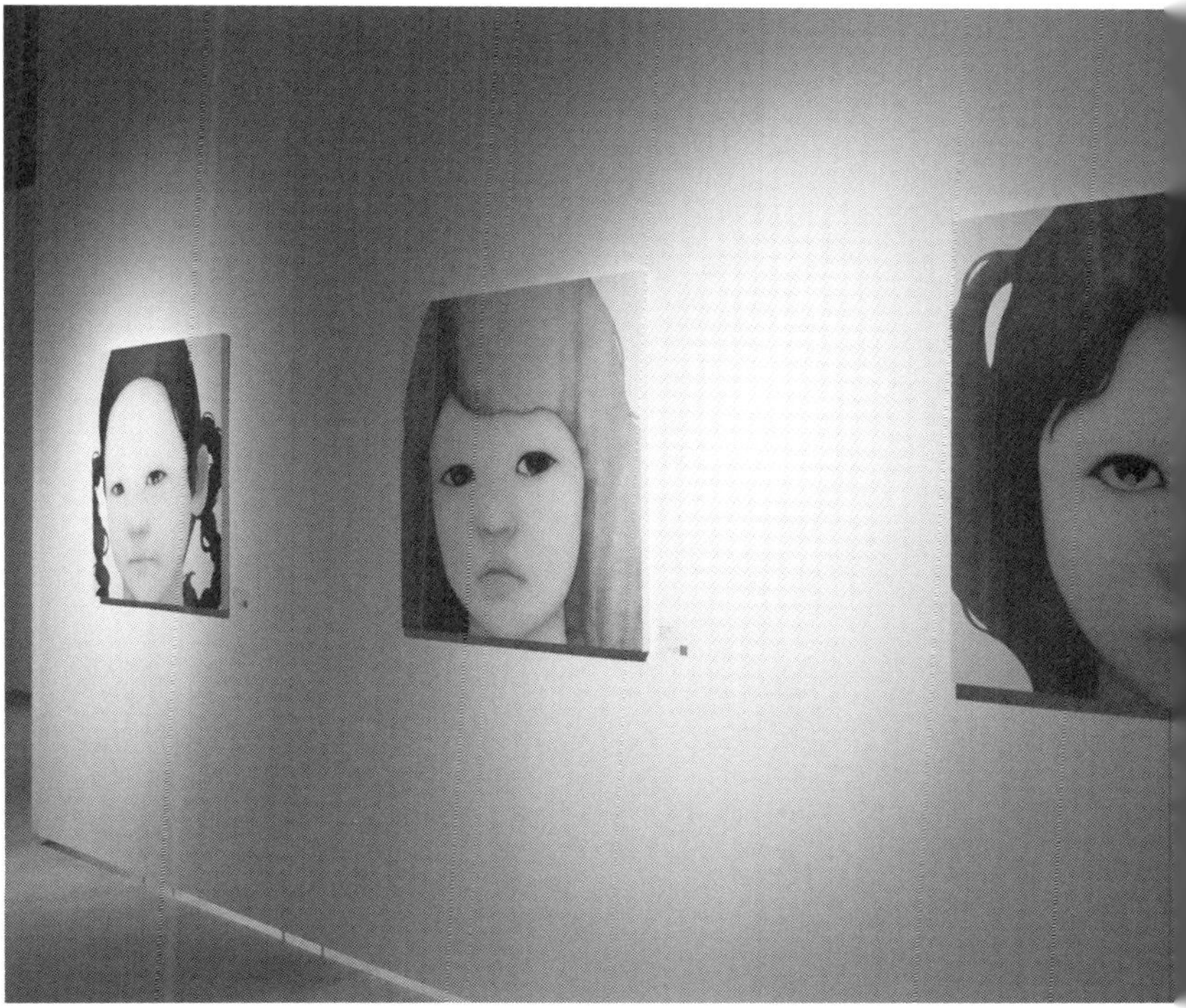

わたしたちはアート・マーケットの拡大前夜にいます。

そのような中に自分がいることを幸せに思っています。


ＡＩ（人工知能）の発達によってシステムや機械でできることが増え、多くのホワイトカラーの職を奪うことになるでしょう。

しかし、その一方でアーティストにしかできないことがあります。

それはオリジナルのアート作品をつくるということです。


ＡＩは職を奪うだけでなく、多くの人に時間を楽しむ余裕を与えてもくれるでしょう。

時間をもった人たちの中で、これまでできなかったアートをつくることに興味をもつ人は少なくないと思われます。

アーティストの数は今後ますます増えていき、あらゆる才能をもつ人がアート活動を目指すようになるでしょう。


そうなれば、アーティストによって大量につくられた作品が出現します。

その大量の作品を拡販するエンジンとしてアートの販売業者は、資本主義の世界の中でアートを拡大させていかなければなりません。

株式会社ZOZOの前澤友作氏が高額なジャン＝ミシェル・バスキア（Jean - Michel Basquiat）の作品を落札するというニュースを聞くと、そのようなことは一部の富裕層だけのものであると思われがちです。

しかし、それは実態の一部を切り取って見ているだけで、現状は違うのです。高額な作品が増える一方で、一般層にも購入者が広がり、手軽に買えるマーケットも拡大しているのです。

そのようなアートが広がる端緒が開かれた今がまさにチャンスです。

今、わたしたちにとって必要なのは、美術史のような座学の教養だけではなく、よいアートを買うために必要な教養です。

本書ではよいアートへの投資をすることによって、将来的に高くなる作品を買える賢いコレクターが増えていってほしいと願っています。

買う側においても売る側においても、最も重要なのは正しいマーケット観の理解と情報が必要であり、それがよい意味での目利きをつくっていくのです。

「日本人は世界一のアート好き」

過去に海外のアート専門誌がこう報じたことがあるくらい、日本人は頻繁に美術館へ行き、アート鑑賞を楽しんでいます。メジャーな美術展では入場制限がかかることもあり、まるで人気アトラクションの順番待ちと同じように並んでまで観るほどアート鑑賞が大好きな国民です。アートは気持ちを豊かにしてくれるため、美術館へ行く人が多いのかもしれません。

しかし一般的にはまだ広く認知されていない面があります。それは、アートが「文化的な価値」だけでなく、金融資産や不動産と同じように「資産的な価値」をもつということです。もちろん美術の教科書に載っているような巨匠たちについては、その価値が認められていますが、現代アートについてはほとんど知られていません。日本において、現代アートが資産になるという一般論が普及していないのはなぜでしょうか。

一方、海外では現代アートのもつ資産的意味合いが広く伝わっており、若い世代でも積極的にアートを購入しています。評価の定まっている作品以外にも、今後の成長が期待できる作家の作品を購入し、評価が上がるまで長期的に所有することも一般的に行われています。

日本にはアート＝資産として評価するものさしや、作品の評価等の情報が欧米に比べて少なく、日本と海外では、現代アートのとらえ方に大きな差が出てしまっているのです。

また、現代アートであれば没後の作家と違って作家も現存しているため、直接話すことで作品についてより理解を深めることが可能であり、今後の展開をともに楽しむことができます。

このようなかかわり方ができ、鑑賞も楽しめるという点から見ても、金融資産や不動産よりアートのほうがさまざまな側面で魅力があると言えるでしょう。

日本の現代アート作家は、海外と比較してまだまだ割安に購入することが可能です。本格的にアートが資産として認知される前のこの時期こそ、アートを買う絶好のタイミングかもしれません。

「観る」ことは受身ですが、「買う」ことは能動的にかかわることであり、それによって新しい価値観をアートに対して発見することができます。受け取るだけでなく、積極的にかかわることでアートのもつさらなる魅力をぜひ、楽しんでみてください。

第 I 章

アート・マーケットの現在地

© 足立篤史

現代アートとはなにか

そもそも一般で言われるアート（ここでは現代アートを指す）とはなにか、というところから理解する必要があります。

美術館で印象派の作品を観ると、具体的に人とか風景が描かれているためそれがどんなにデフォルメされて描かれても、なんであるかは理解できます。

しかし、現代アートの作品を見た時には、そもそもの意味が分かりにくく、作家の意図が理解できないことがよくあるので、それ以上踏み込むことをせずに「分からないもの」としてほったらかしにされることが多いのです。

美術館で、作品につけられたタイトルを見ても、その作品とタイトルとの関係については意味が分からないまま素通りすることがほとんどかと思います。

さて、美術館のキュレーターや専門家はどうなのでしょうか。

彼らは、わたしたち一般人が理解不能な作品を観ても一瞬でその作家が言いたいことのコンセプトを理解しているのでしょうか。

もちろん、ある程度の作品を観る経験を積み、作家について事前に情報を得ることで一般の人よりも理解度は高いのでしょう。

しかし、作家からなにも説明がないままの状態で、コンセプトが難解な作品を理解できるわけがありません。

現在のアート作品は謎解きのパズルのようなものも多く、作家が伝えたいことが一瞬で分かりづらいものが少なくないのです。

実はこれが、「アートは分かりにくい、とっつきにくい」と言われる所以であり、一般人が近寄りがたい存在となっているのです。

専門家でもそのコンセプトを初見ですぐに理解できるわけではないので、現代アートを理解できないからと言って自分を卑下することもありません。

そもそもアートとは分かりにくいものだ、というところを出発点としなければならないのです。

だから、分からないものを分からないままにしてもよいし、自分が興味をもてるものだけ理解を深めようとしてもよいのです。

作家はこれまで見たこともない世界観をつくろうとしているのですから、なにかしらの手がかりがなければ、分かりようもないわけです。

アートは分からないから面白いのですし、すでに分かっているものを見たりする行為ではないのです。

「アートがとっつきにくい」と言っている人は、そのような「すでに理解できるもののみに興味をもつ」タイプの人なのかもしれません。

「分かりにくいもの」に興味をもち、あくなき探求心が働かないタイプなのかもしれません。

富裕層がアートをビジネスの場で話したりするのは、自分が今いる環境における経験や知識だけでは理解できないことを、より知りたいという探求心があるからなのかもしれません。

さて、その分かりにくい現代アートとはなにか？　について具体的にご説明しましょう。

アートは20世紀になって、その役割を変えてきました。

貨幣というものが、モノとモノとの交換で始まった行為からある時点でお金に代用されていったのと同じように、アートの役割は細かく進化し、時代とともに変化していきました。

マルセル・デュシャン（Marcel Duchamp）というフランス人のアーティストがコンセプチュアル・アートという概念をつくり、技法やその造形美だけでなく、新しい概念を形成することこそがアートだという最初の礎をつくったことをまずは知っておく必要があるでしょう。

マルセル・デュシャン以降は、それまでアートにはなかった新しいコンセプトをつくる競争が始まり、美術史の新しい文脈に位置づけられて、よりコンセプチュアルなアートが高く評価される時代になりました。

つまり、美術史の文脈に乗るコンセプトの作品をつくれば評価が上がるということです。

マルセル・デュシャンによって「作品をコンセプトで表現する」ことが現代のアートでは重要になりました。

自身の兄の影響で画家を志したマルセル・デュシャンは、パブロ・ピカソら（Pablo Picasso）のキュビズムが下火になりかけていた1917年に、パリのサロン・デ・アンデパンダンへの展示を拒否されてしまうという事件に遭遇します。

この経験からデュシャンはキュビズムのような既存の表現方法を使わずに、また絵描きというキャンバスに油彩を描くだけでない「芸術家」として、新たな可能性を探る方向へと舵取りを変えていきました。

その時デュシャンは、美術界の常識に対してアンチテーゼの思いが沸き上がったのだろうと思われます。

時代を変えた、「泉」という作品

さて、デュシャンの作品と言えば、「泉」を思い浮かべる人が多いのではないでしょうか。

「泉」とは、男性用小便器をただ置いて「R.Mutt」とサインしただけの作品ですが、これが、美術史において最も重要な作品のひとつとして挙げられています。

この作品がなぜそこまで重要なのかについて説明しましょう。

1917年、デュシャンはパリからニューヨークに渡りました。パリでは酷評されたデュシャンだったのですが、ニューヨークのアンデパンダン展は、出品料として6ドルを支払いさえすれば審査なしで展示されるという展覧会でした。

デュシャンはここに、「泉」を芸術品として、しかも匿名で送りつけたのです。

もしかしたら、タテマエだけの展覧会に対し、こんな作品でも展示できるという皮肉を込めて出品を試みたのかもしれません。

「なんだこの既製品の便器にサインしただけの作品は⁉ こんなものを芸術として認めてなるものか！」と無審査にもかかわらず展示は拒否されたわけですが、この反応こそがデュシャンの狙いだったのです。

一般的に美術といえば、視覚的な美しさや完成度の高さ、観る者の心の琴線に触れるような作品を言い、いわゆる著名な美術作品は、画家本人が描いたオリジナルの1点ものや限定部数を設けた版画作品等であり、その稀少性によって美術品としての価値が保たれていました。

一方、便器は工業製品なためデュシャンがつくったわけでもなく、しかも全く同じものがあらゆる場所にいくつも存在しています。そもそも、便器自体に美術品としての価値や魅力を見出すことが難しいと言えるでしょう。

ましてや美を求めるものに対し、あえて汚いものを連想させる便器を使うなんて、目の当たりにした人の衝撃度はどれだけのものだったのでしょうか。

しかしデュシャンはそれを美術品として、定義づけてしまいました。

この誰も想像さえしなかった大胆な発想が強烈なインパクトを残すとともに、あまりの衝撃から観る者に問いを与え、根本的に「芸術とはなにか？」を見直さざるを得なくなってしまったのです。

長い美術史の中で当たり前だと思われていた芸術に対する概念が、デュシャンの「泉」によってすべて覆されてしまったのです。

デュシャンが発明したコンセプチュアル・アート

何事も新たな価値を生み出すためには、既存のものを超えていく必要があります。

デュシャンは既成概念や価値観を超えた所で考えなければ、けっして答えが出ないような疑問点を鑑賞者に見せることで、それを実現しようとしたのです。

つまりデュシャンは、アートを「目で鑑賞する美しいもの」ではなく、表現したいことはなんなのかという「考え方」をアートにしてしまったのです。

この、考え方をアートにした表現方法（＝コンセプチュアル・アート）がデュシャンによって発明されたことにより、アートの歴史が大きく変わっていくこととなりました。

また、事件とも言えるこの作品によって、20世紀以降の多くの芸術家は「デュシャン以降、なにを芸術の中で表現するのか？」という問いにこたえるような、新たな発想を模索するようになりました。

これこそが、デュシャンが「現代アートの生みの親」と言われ、20世紀以降のアート界に多大な影響を及ぼした芸術家として、高く評価される理由なのです。

マルセル・デュシャン以降、アートのもつ可能性が爆発的に広がり、それを流通させるマーケットにも大きな変化を生じさせることとなります。

それは主にアメリカで起こった革命です。この革命は、小資本の個人事業主であった個人商店としての画商から、資本主義的な価値に基づく巨大ビジネスへと発展していく足がかりとなったのでした。

骨董品を競売によって購入するという小規模な取引市場から、オークションハウスがアート作品の価格を上げるためのエンジンへと変えることで、アート・マーケットというこれまでになかった新しいビジネス市場がつくられました。

単なる1対1の相対取引が、公開市場に移ることで、アートは「自宅で愛でるインテリアの一部から、資産として換金が可能なものへ」と変化していったのです。

現代アートは、ギャラリーが販売するプライマリー・マーケットとオークションハウスのセカンダリー・マーケットとが結びつくことで、価格をマーケットが決める仕組みが生まれ、資本主義の考え方が美術品の世界にも入ってきたのです。

デュシャンによって作品のもつ意味合いが変わり、そこからアートのもつ価値が目で鑑賞する美しさからコンセプトの面白さに変わりました。

これによって美術の技術的なバックグラウンドがない人でも作品をつくることができる時代へ移行し、キャンバスに油絵を描いたり、彫刻をつくる以外にさまざまな表現が可能となったことで、それ以降は表現者の数が爆発的に増えることにつながりました。

デュシャン以降に自称アーティストが多数出現することは、そこでつくられた作品も増えることとなり、それは取り扱う画商やギャラリストと呼ばれる中間販売業者が増えることにもつながっていきました。

アートというものは、そもそも制作するのが生の人間であり機械化していない（人工的であるという意味）がゆえに、作品が制作される数は有限です。

人気が上がるにつれて、作家が一定の数しかつくれないのであれば、需要と供給の関係から作品価格は上がっていくのです。

そこで力を発揮するのがオークションです。

つまり供給量が少ししかないのに、需要が異常に上がると競争原理が働いて取り合いになり、どうしてもほしい人がとんでもない価格でも買うようになります。

したがって市場では、その価格こそが自由に取引される中で位置づけられた正しい価格ということになるのです。

同時に、画商やギャラリストから見ると、1点の作品にかかるコストは1万円の作品も100万円の作品を売る場合もあまり変わりがありません。

であれば、少しでも高い作品を売るほうが効率的であり、単価の安い作品を売り続けることは利益を上げようとすると合理的ではなくなってしまいます。

このようにお金がお金を生む資本主義の発達を追うようにして、アート自体も作品が価値を生み、その価値をより上げる方向へと進んでいったのです。

日本のアート・マーケットは驚くほど小さい

アート作品は、ギャラリーでおすすめされる作品を購入する取引だけでなく、オークションという別市場の作品価値を上げるエンジンをもって以降、アート・マーケットが発生し、その規模はますます大きくなっていきました。

それまでは骨董品のような古い作品を取り扱ってきたオークションハウスも、より売上を増やすために、旬のアーティスト作品を取り扱うようになっていったのです。

そもそも、オークションハウスとは一度購入者が作品を買った後に出品するセカンダリー・マーケット（二次市場）でしたが、それだけでは飽き足らず、プライマリー（一次作品）と呼ばれる作家がつくったばかりの作品を、ギャラリーではなくそのままオークションハウスに出品することも現れました。

とくに中国のようなアート販売の歴史が浅く、資産としてアート作品を買いたいと思う購入者が激増している国では、一度購入した作品のセカンダリーを待つことなくプライマリーの状態からオークションにかけられるようになっています。

作品がお金を生む資本主義の欲求には際限がなく、より資産的な価値を生む作品の購入競争が進む仕組みとなっているのです。

世界中のアート・マーケットは拡大し、その市場は現在では8兆円を超える規模まで膨らんできています。

さて、世界のアート・マーケットのうち日本国内のアート・マーケットはどの程度でしょうか？

百貨店などで販売されている古美術やおよそ現代アートとは呼べないような作品を除くと、日本のアート・マーケット規模は500億円ほどと予想されます。

世界の市場が8兆円として、その1％にも満たない規模なのです。

米国のアート・マーケットは世界の約40％で、3兆円と推定されるため、日本のアート・マーケットは米国の60分の1、中国は約1・5兆円と推定されているため日本は中国の30分の1であり、その市場規模の小ささがわかっていただけますでしょうか。

つまり、日本はアート・マーケットにおいては完全に出遅れている状況にあります。

それればかりか、香港、韓国、台湾、シンガポールなどのアジア各国と比較しても、アート・マーケットの発展は遅れており、他国の追随をするだけで精いっぱいで、その差はますます広がりつつあります。

日本のギャラリーは、日本国内のマーケットが小さすぎるために、海外の顧客をターゲットとせざるを得ず、海外のアートフェアに出展することで脆弱な日本の市場以外での顧客獲得に力を入れざるを得ないのが現状です。

日本のGDPが世界シェア6％に対して、アートの市場が0・6％。

つまり、日本はアートについていえば、先を行く多くの国の後塵を拝しているのです。

なぜこのような事態が起きているのでしょうか。

その謎を解明する必要があり、現状を正しく理解することなしには、日本のアート・マーケットは今の危機を脱することはありません。

日本人アーティストがアートを職業として作品で食べていけなくなる日が来るかもしれないのです。

これは明らかに日本文化にとっては大きな痛手であり、アニメや漫画などのサブカルチャー文化がもてはやされる一方で、芸術としてのハイアートがマーケットとして成長していない現状を正しく理解して、次なる一歩を考えていかないと文化の後進国となってしまうのです。

わたしたちは日本に住み、この国の文化を真摯に考える中で、現在のアート・マーケットがなぜここまで大きく立ち遅れているのかを正しく理解して、処方箋を用意することが必要なのです。

バブルとともに縮小していった、日本のアート・マーケット

日本のアート・マーケットが活性化しており、世界の中でも大きな存在感を示していた時期がありました。

いわゆる平成バブルの直前であり、株式や土地による含み益をもった人たちが海外のアートを買い漁っていた時期です。

フランスの印象派をはじめとして、台頭していたアメリカのポップアートをも大量に購入していましたが、バブルによってその価値は大きく下落しました。そもそも、さして価値があるとは言えないような海外の作品を買っていたこともあり、その下落スピードはかなりのものだったと予想されます。

それまで、資産的にも価値があると勘違いしていた人は落胆し、アートは買っても価値が上がらずに、逆に下がる可能性が高いものとなってしまいました。

そのような情勢にさらに火をつけることになったのが、「インテリア・アート」の出現です。インテリア・アートはバブルによって国内アート・マーケットが崩壊した後にも猛威をふるうことになります。

これまでの富裕層がアートで損をしたことから購入を控えたため、一般人を対象とした、分かりやすく買いやすいようなアートを売る市場が発生したのです。

90年代にはイルカなどの海洋生物を写実的に描かれた作品が、アートを知らない人々にとって、見た目に分かりやすく美しいため、一気にその人気を得ることになりました。

街中のイベントなどで購入予備軍を呼び寄せ、買う気にさせる営業手法によって、瞬く間に多くのインテリア・アートを拡大させることにつながっていったのです。

販売業者はシルクスクリーンで1000部印刷された作品に作家のサインをつけることで顧客の安心を得ることができ、さらに大量の作品を印刷することで、制作コストの割合を低下させ、利益を上げることができたのです。

多くの一般層がインテリア・アートを買うことによってアート熱が復活すればよかったのですが、ここには大きな落とし穴がありました。

インテリア・アートはその作品を購入した後にその価値が担保されていないということです。

アートを資産ではなくあくまでインテリアとして買っているので、再販する時にセカンダリー・マーケットが存在していません。したがって、購入と同時に資産的な価値が崩壊し、今後も価値が上がることが期待できないということになってしまうのです。

これはアート・マーケットが、オークションという価格を上げるエンジンをもってその市場規模を拡大させたこととは逆の発想で、アートが資本主義に巻き込まれる以前のやり方に戻ってしまったのです。

アートはプライマリー・マーケット（ギャラリーからの一次購入）と、セカンダリー・マーケット（オークションなどの二次市場）がバランスよく健全に回っていることが重要であり、それなしには市場が拡大することはありません。

インテリア・アートを購入していた人はごく一部とはいえ、日本においてはバブル崩壊以降、「アートは資産価値を下げてしまうもの」として認識されるようになった一因でしょう。

このように、日本の状況が悪化する一方で、欧米ではますますアートが資本主義に巻き込まれてその市場規模が拡大していくことになります。

第

II

章

海外アート・マーケットの今

© 河本蓮大朗

アートフェアにはプライベートジェットで買いに行く

アートフェアと言われる「アートの見本市」が世界中で開催されており活況を呈しています。

これはギャラリストが取扱作品を自社のギャラリー以外で見せて売るための見本市であり、世界中いたるところでアートフェアが開催されています。その中でも歴史的にも規模的にも最大のアートフェアがスイスのバーゼルで開催されるアート・バーゼル（Art Basel）です。現在はスイスだけでなく、アメリカのマイアミビーチや成長するアジア市場をターゲットとして香港でも開催されており、3拠点の展開となっています。

アート・バーゼルでは世界中のセレブがアート・コンサルタントを引き連れ、フェア会場で作品を競って買うような状況となっており、開催の数日間だけで数百億円のアートが売買されています。

アート・バーゼルの他にも、ロンドンを拠点とするフリーズ・アートフェア（Frieze Art Fair）や、ニューヨークのアーモリー・ショー（Armory Show）など、国際的に有名なアートフェアがあり、それらのアートフェアには世界中の富裕層が集まるため、出展基準も厳しく、クオリティーの高い作品をもつギャラリーが選別されることとなっています。

したがって、購入者も安心して多くの選択肢から気に入ったアート作品を買うことができ、資産価値も担保することができるのです。

スイスのアート・バーゼルには専用のプライベートジェットに乗って買い物を楽しむ富裕層も少なくなく、まるで日用品を買うように数千万円から数億円の作品をポンポン買っていく状況にあります。まさに資本主義の縮図であり、お金を生む作品に吸い込まれるようにコレクターが集まっているのです。

ギャラリー1社の売上高が日本のアート・マーケットを超える

世界最大のギャラリー、ガゴシアン・ギャラリー（Gagosian Gallery）は1社で年間売上1000億円を超えるといわれています。ニューヨークだけで5店舗、ロンドン3店舗、パリ2店舗のほか、ビバリーヒルズ、サンフランシスコ、ジュネーブ、ローマ、アテネ、香港と計16店舗をかかえています。

オーナーのラリー・ガゴシアンは当初、アートポスターの販売から始めて一代で現在までの帝国をつくり上げた立身出世の人です。世界の名だたるアーティストを取り扱っており、日本人アーティストとしては村上隆なども取り扱い作家のひとりです。

それに続く世界第2位がデイヴィッド・ツヴィルナー（David Zwirner）です。草間彌生がガゴシアン・ギャラリーからデイヴィッド・ツヴィルナーへ移籍したことはニュースにもなりましたが、現在最も勢いのあるギャラリーであり、ポスト・ガゴシアンの呼び声も高いです。

それ以外にもハウザー&ワース（Hauser & Wirth）、ペース・ギャラリー（Pace Gallery）といったニューヨークに拠点をもつギャラリーや、ロンドンを拠点としたホワイト・キューブ（White Cube）やパリのペロタン（Perrotin）といったメガギャラリーがあり、いずれも一流のアーティストの取扱いで巨額の収益を得ています。

このような大手のトップギャラリーは国際的なアートフェアでは最もよいスペースに出展することを許されており、その力はますます巨大化しています。大手の寡占はじわじわと進んでおり、資本主義のルールに乗っとってその販売力を強めているのです。

上述のガゴシアン・ギャラリー、デイヴィッド・ツヴィルナー、ハウザー&ワース、ペース・ギャラリーをはじめホワイト・キューブ、ペロタンなどのメガギャラリーの取扱いアーティストは、価格が下がらないと言われています。

そうすると当然のように、コレクターはメガギャラリーから高額な作品を安心して買い求めるようになり、人気作家の作品購入の競争にも拍車がかかるのです。

安定した価値の高額作品は資産のポートフォリオのひとつとして、株式や不動産などと同じように位置づけられるため、アートは長期的な資産運用としてその存在感が高まることになります。

一方で、大手ギャラリー以外からの作品は、まだ成長途上のアーティストが多く、これから大手に成長しそうなギャラリーから期待も込めて比較的安い作品を購入するコレクターが多いようです。

さて、なぜこのように大手のギャラリーは作品の価値を下げないことができるのでしょうか。

これは大手ギャラリーの作品には「信用」があるからです。つまり、貨幣のように交換価値があるということです。

わたしたちがいつも使う貨幣は単なる紙切れでそれ自体は価値がないのですが、国の中央銀行が発行していること自体に信用があるため、貨幣によってモノとモノを交換することができます。

アートも同じでキャンバスに絵の具を塗っただけのものに、貨幣のような信用を与えることを可能としているのです。

つまり、大手ギャラリーは一度販売したアートを買い取る資金力があるため、コレクターが作品を買った後も必ず販売した価格以上で買い取れるという「信用」をつくっているのです。

作品そのものが通貨のような「信用」で成り立っているため、購入者は安心してアートを買い、いざという時にキャッシュに交換することができるのです。

しかし、この「信用」をつくるということが実はかなり大変です。アート作品すべてにおいて人気が出るとは限らないからです。

大手ギャラリーはプロモーション力だけでは作品の価格を維持することはできないことを知って

います。日本においてインテリア・アートの販売が拡大してもその価値を維持することはできなかったのと同じです。

つまり、オークションなどのセカンダリー・マーケットにおいても高く取引され、そのためには美術館や評論家といった業界関係者から高く評価されて、美術史における存在感を高める必要があるのです。

単純に多く売れれば価値が上がるのではなく、その後のセカンダリー・マーケットまでを含めた戦略がなければ「信用」をつくることができないのです。

美術館、オークションハウス、評論家によるシンジケートが価値をつくる

アートの価値はギャラリーだけがつくっているのではありません。ギャラリーは一次販売として作品をコレクターに買ってもらうための努力をするのですが、それだけではなく、その後も価値を高めるためにさらなる努力をしているのです。

つまり、購入者を儲けさせるための努力であり、これがアートの信用力を高めることになります。

アート作品の人気が上がるにはさまざまな要素があります。

例えば、美術の歴史に残るような重要な文脈をつくる作品であるかどうかということです。そのためには、重要なコレクターに買ってもらい、MoMAなどの有名な美術館での個展、ヴェネツィア・ビエンナーレ(Biennale di Venezia)、ドクメンタ(documenta)など国際的な美術展覧会での出品が必要となります。そこでさらに美術評論家やキュレーターなどの専門家から高い評価を受けると、作家の名声は高まり、ますます人気に拍車がかかります。将来的に美術史に大きな足跡を残

すのではないかと期待されるからです。そのような作品は当然オークション市場でも人気が出て、とんでもない価格で落札されていきます。オークションでは複数の熱狂的なコレクターが競うように買うようになると、常識を超えるような価格がつくことがあるからです。

このようにセカンダリー・マーケットで価格が上がると、それに応じてギャラリーはプライマリー作品の価格を上げるようになっていきます。セカンダリー・マーケットで安定して高い価格で取引されるのであれば、コレクターはその作品をある程度高くても買いたいと思うからです。

つまりアート作品の価格が上がる仕組みの中には、ギャラリー、オークションハウス、美術館、評論家、キュレーターなどさまざまなプレイヤーの存在が必要となるのです。

もし彼らが徒党を組んでシンジケートをつくれば、一緒に価格を上げる作家をつくっていくことだって可能となってきます。

あるところでは、世界のメガギャラリーをはじめ、ユダヤ系のギャラリーや美術関係者が業界を牛耳っているという噂もあります。

金融市場をつくったロスチャイルド家やダイヤモンド市場をつくったユダヤ人は取扱う商品の付

加価値をマーケットを利用してつくっていくことに長けた才能をもっています。

わたしたちの知らないところでアート・マーケットを動かしているのは彼らかもしれず、「信用」が「信用」を生むビジネスを熟知している者が、巨大なアート・マーケットの拡大に寄与しているかもしれないのです。

第

III

章

投資としてのアート、その実態

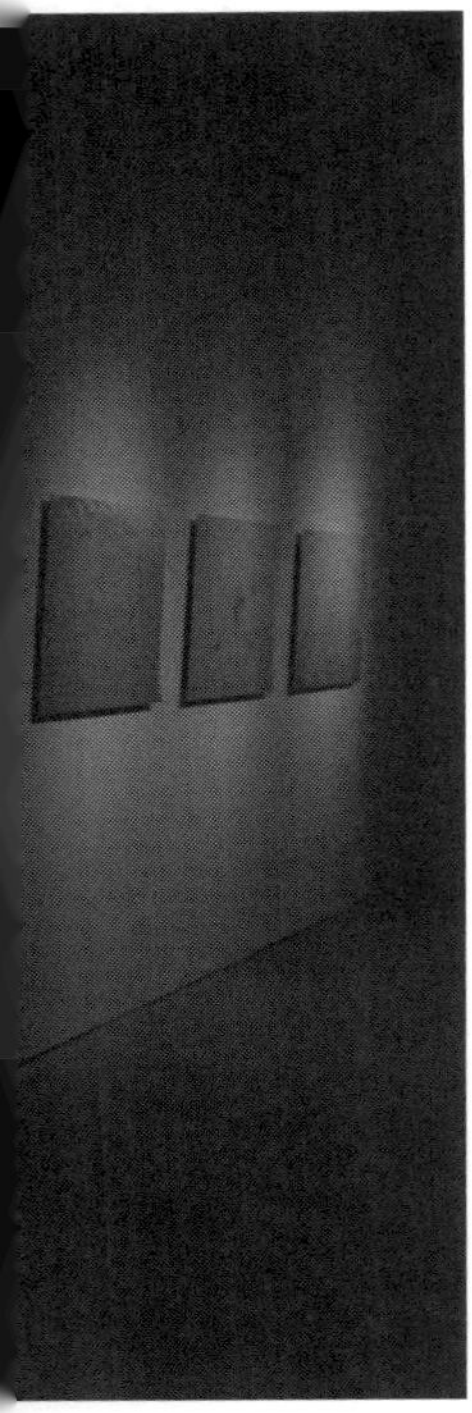

©Namiko Kitaura

株価よりもアートのほうが投資効率が高い？

アート・マーケットが拡大しているということは、アートが投資としての価値が高いということも意味します。株式や債券、不動産といった資産商品と比較してアートの投資効果が高いからこそ、その市場が拡大していると認識して間違いはありません。

世界中の富裕層がアートを「分かりにくいもの」として遠ざけることなく、正しい情報と知識をもって購入すれば、投資としてのリターンが高いことを理解しているのです。

アートの価格がどのように上がっているのかを客観的にマクロで見ることは確かに難しいでしょう。ギャラリーは、各作家がどのように上がったのかという情報を公開していないからです。それでもオークション会社は上場しているところも多く、また入札時の作品情報と落札価格を公開しているため、作家別の落札価格を集計することが可能です。

国際的なオークションハウスの落札価格を集計したセカンダリー・マーケットの情報のみがわたしたちが知り得る情報であり、そこでの事実を見て、アートのもつ資産的な価値を考えたいと思います。

また、サザビーズ（Sotheby's）やクリスティーズ（Christie's）などの国際的なオークションハウスに出品されるような作品は、各専門家によるお墨つきの評価を得た作家であり、株式市場における上場企業株のようなものです。

オークションハウスに出てこない作家の作品は、株式市場でいえば未上場株のようなものであり、安定性はないが今後とてつもなく化ける可能性を秘めています。

さて、オークションハウスで落札されるアートのうち、最も値動きがよいのは第二次世界大戦以降の現代アートです。

これは印象派やピカソなどといった近代絵画と比較しても値上がり率が高くなっています。現存しているアーティストは、今後も質の高い作品をどんどんつくり続けて、それが高く評価されることも予想されるため、期待度に上がっていくのです。

オークションで落札される現代アートの平均価格は株価の市況とほぼ連動するように動きます。

これはアート作品もほかの金融資産などと同じように資産のポートフォリオとして取り扱われてい

ることを物語っています。

また、アート作品はニューヨークやロンドンなどの主要都市で取引される世界の株価の平均値と比較しても運用面では効率が高いことがわかります。

投資ポートフォリオの中に入れてみる

株式、債券、不動産、貴金属といった投資ポートフォリオの中の一部にアートを入れる投資家が増えています。それは、アートが景気の好不況に影響を受けるものの、株価と比べると安定して上昇する傾向にあり、投資対効果が高いからです。

そうなると、富裕層がもっと大胆にアートをポートフォリオに入れるはずなのですが、実はそうではありません。富裕層はアートを全体の資産のポートフォリオの5％程度で運用している場合が多いといわれています。

ひとつには、アートのもつ売買手数料が影響を受けています。

例えば、アートの売買手数料はオークションハウスだと15〜20％もするため、仮に金融商品の手数料を3％としてみると、5倍以上高く、短期間で売買すると逆に損をしてしまうからです。

つまり、アートは長期的な投資でしか利益を得ることが難しいため、短期で資産を増やしたいと考える投資家には不向きなのです。

さて、アート作品というのは、株式のように需要に応じて新株を発行することはできず、つくられる作品数は限られています。そのため人気が上がれば、需要に応じて数年で価格が数十倍以上になる作品も珍しくなく、いったんブームに火がつくと、驚くほど価格が上昇します。

したがって、賢く買うことができれば、株式投資よりもうまみがありますし、もし価格が上がらなくても、自宅で作品を眺めて楽しむことができるのです。

個人の好き嫌いで作品を買うと失敗する可能性が高い

コレクターが自分の趣味で適当に好きなアートを買っていくと、間違いなく投資効率は低くなります。アートに関する基本的な知識と情報をもち、専門家から適切なアドバイスを受けながら、その範囲内で好きなアートを選ぶことがよい投資につながります。

自分の感覚だけでアートを買うのはひとつの方法ですし、自宅のインテリアに彩りが加わればよいと考えている人にとって、教養や知識は必要ないでしょう。しかし、せっかく購入したアートの価値が少しでも高くなってほしいということになると、話は別です。

個人のセンスだけを信じてアートを買うと、将来の資産的価値が低い作品を買ってしまうことがあるからです。

先日著名なファッションデザイナーの方より連絡があり、所有しているアート作品を手放したいという依頼でご自宅にお伺いしました。自宅のインテリアなどは趣味がよくセンスに溢れていたのですが、誠に残念ながら購入されたアート作品については、そのほとんどが、現在では価値がつかず販売ができないものでした。

本人はアート作品を選ぶセンスがよいと思っていても、価値の高いアートを買うことにおいては実は間違ってしまう場合が多いのです。

つまり、アートを購入するにあたっては感性重視でいくと失敗するということです。

アーティスト自身は感性で作品を制作しますが、売る時にはその作品の世界観を説明するロジックが必要となります。つまり、販売するギャラリーは右脳で作品を感じながら、左脳で作品のもつ素晴らしさを論理的に説明しないと価値づけをすることができないのです。

また、作品を右脳で論理的に理解することだけではなく、購入者が知るべきことは、最低限の美術史と購入に必要な教養なのです。

安定志向のアートほど高い

パブロ・ピカソやアンディ・ウォーホル（Andy Warhol）などの超有名な大御所のアート作品は、市況の大幅な暴落があっても安定しており、市況が回復した時の価格の立ち直りも早いといわれています。

このような作品は、価格が数年で大化けする可能性は低く、しかも価格は一般人には手の届かないものとなっています。手持ち資金が何百億円もあれば話は別ですが、そうでない場合はより現実的な作品の購入を考えた方が賢明でしょう。

クリスティーズやサザビーズで取引される作品は1点あたり1千万円以上するものが多く、そのような作品が普通に買える富裕層を対象としています。

もちろん富裕層にとっては、ピカソなどの高額作品は株価のように乱高下することもないので手に入れたいと思うでしょうが、わたしたち一般人にとっては高根の花です。

アートを買うことで資産形成を考えている人は、これからの成長が期待される若いアーティストを買うことにチャレンジしてみましょう。

まだオークションハウスに出てこない若手アーティストの作品は数万円から買えるものもあり、リーズナブルな投資として購入することが可能です。ただし、アーティストが途中で制作することをやめるリスクもあり、その資産価値が限りなくゼロに近づくこともあります。

しかし、未上場会社が倒産して株式が紙切れになることよりも確率は低く、もし作品の再販価値がほとんどなくなっても個人の所蔵品として自宅で楽しむという面での価値は続くのです。

そういう意味では資産の側面では、オークションで取引されるような著名アーティストの作品のほうが安定性はありますが、運用面での面白みは少ないと言えるでしょう。

作品自体が株式のように将来紙切れになる可能性が低いのであれば、思いきって若手アーティストに投資するほうがアートを買う楽しみにつながるのは言うまでもありません。

アートを購入するために必要な情報、知識といった基礎的な教養を身につけることで、失敗しない投資は可能なのです。

第IV章

重要なのは「発明品」と「インパクト」

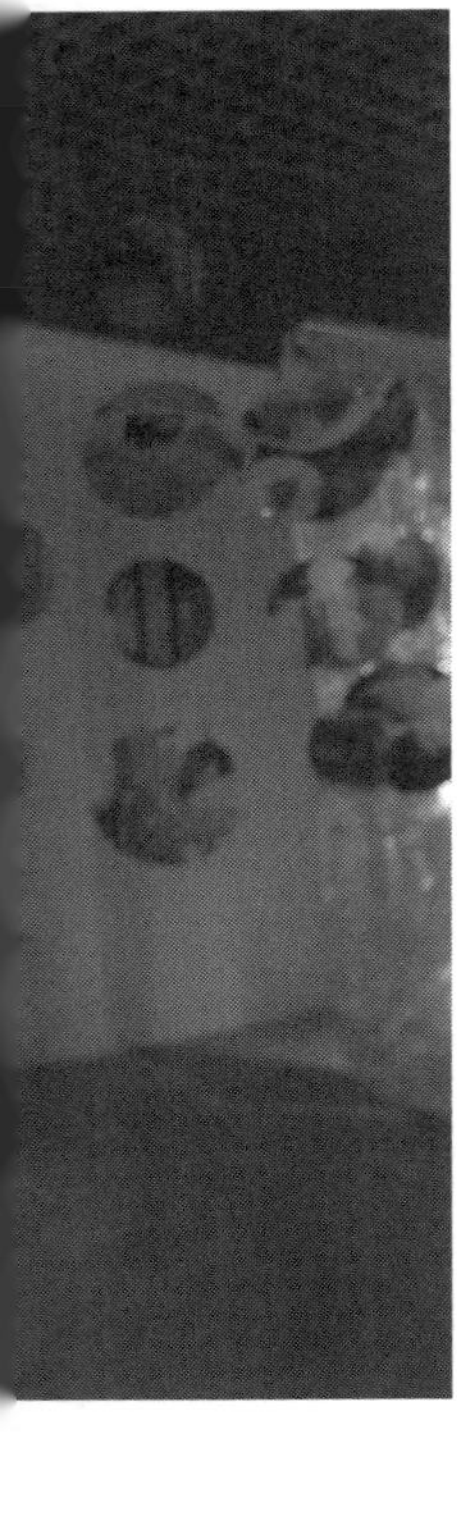

© シムラヒデミ

発明品であること

アートのコレクションをする際、作品を見極めるために最低限知っておくべき原則があります。購入した後に評価が上がる作品には共通の特徴があり、まずはそれを理解しておかなければなりません。

その特徴を理解するには、美術史やある程度の作品数を見ておくなど、最低限の知識が必要となってきます。その知識を得ることで評価の上がる作品を買える情報を入手することができ、それを知っているか知らないかで、後で雲泥の差が生まれるのです。

評価の上がる作品の大きな特徴は「発明品」と「インパクトの大きさ」の2大原則と言っていいでしょう。以下、順に説明していきましょう。

評価が上がる作品の特徴のひとつは「発明品である」ということです。

アートが歴史に名を刻むためには、その作品がこれまでの美術史のどこにも存在していない「発明品」であることが重要です。

どこかで見たことのあるものではなく、これまで存在しなかった技法、制作方法、コンセプト、表現方法であるということです。それまでどこにもない発明品は、新たな美術史の文脈を形づくっていくことになる可能性があるからです。

だからこそ発明品には、多くの人が期待を込めて競うように買うし、人気が集まるのです。

発明品のアートとは美術史のどの流派にも属することなく、独自の文脈が形成され、派生される文脈ができるという意味で理解してください。

現在のように深く入り組んだ美術史の中では、ピカソのキュビズムのようなそれまで全く存在しなかったものが突然変異のように発生するような余地が少なくなってきており、違う者同士を組み合わせてできたような発明品としてのアートが増えてくるでしょう。

とは言うものの、アートの発明品を見つけるのは容易なことではありません。

アートは通常の発明品のように特許庁に届ける類のものではないので、その作品が発明であるかどうか、すでに世の中にあるものなのか、作品の源流がどこにあるのか（なにとなにをかけ合わせたものか）といったことは、美術史の基本的な部分を知らなければ見過ごしてしまうことになるからです。したがって、基本的な最低限度の美術史の流れについては、知っておく必要があるのです。

インパクトがあること

作品についてもうひとつ知るべきことが「インパクト」です。

インパクトとは、その作品を見た時の鑑賞者が受ける衝動や、作品が社会的に衝撃を与えるような話題作であるということです。

したがって、内容的にも小さくまとまる作品ではなくて、思いきり針が振り切れた作品のことを言います。

見た目の迫力、美しさ、コンセプトの斬新さなど、さまざまな形で人間の心を揺さぶるものでなければなりません。

国際的なアートフェアでは100軒以上が出展するギャラリーブースで数千点もの作品が展示されますので、まずは人目を引く作品でないとコレクターの目にとまることがありません。その中で目立つためには、やはり圧倒的な存在感が必要となります。

また、インパクトは単純に見た目だけではなく、その作品が社会に放つメッセージが多くの人々の共感や感動を呼ぶものであり、または刺激的な事件として取り上げられることもあります。

現代アートの成り立ちを考えると、社会的意義をもち、イデオロギーを感じる作品であるほうがインパクトが高いと言えるでしょう。

このように作品を見ることで、それが発明品であるか、これまでにないインパクトをもつ作品であるかを知ることが重要です。

この2つの教養を身につけるのは一朝一夕では難しく、年間に1万点以上の作品を世界各地のアートフェアや美術館で見て養う必要があります。しかし、実際にはほとんどのコレクターは忙しく、それほどの作品をじっくり見る時間もありません。

その場合は、やはりきちんと作品を観ている専門家の意見を聞き、プロの眼から見て「発明品」と「インパクト」の関連から問題ないかどうかを確認したほうがよいでしょう。

アートを買う時の教養というのは美術史のような座学で身につけるものだけではなく、作品を観まくることで初めて力となっていくのです。

現代のアートが21世紀に入って以前より多岐にわたり、その文脈だけで作品を語ることはほぼ不可能に近くなっています。

だからこそ多くの作品を観ることで、その作品が発明品であるかどうか、インパクトがどの程度大きいかを感覚的に説明できる知見が重要となっているのです。

アンディ・ウォーホルのもつすごさ

アンディ・ウォーホルはアメリカンポップアートの旗手として最も人気の高いアーティストです。スロバキアからの移民の子としてアメリカに渡ったウォーホルは元々商業デザイナーとして活躍していましたが、その後にアメリカの大量消費文化を象徴したポップアート作品を生み出すことで一世を風靡しました。

マリリン・モンロー、キャンベル・スープなど多くのアイコンがウォーホルをイメージするものとなっています。60〜70年の同時代にポップアートの分野で活躍したアーティストは数多くいる中で、マーケットにおける評価はアンディ・ウォーホルがダントツなのです。作品量が多いにもかかわらず作品の価格は高く、年間のオークションハウスにおける落札金額は常にピカソとトップを争っています。

ロイ・リキテンスタイン（Roy Lichtenstein）、キース・ヘリング（Keith Haring）、トム・ウェッセルマン（Tom Wesselmann）、ロバート・ラウシェンバーグ（Robert Raushenberg）などアメリカンポップアートの隆盛期に活躍したアーティストがいる中でもやはりウォーホルは別格なのです。

そこで考えられるのが、アンディ・ウォーホルの作品が「発明品」もしくは「インパクト」の大きさにおいて、他にはない特徴があることです。

アンディ・ウォーホルの発明は、企業の広告デザインといった大衆的なイメージのものをハイアートの領域に引き上げたこと、シルクスクリーンプリントを用いることで、分業と大量生産をアート制作にも応用したことで有名です。

これは制作方法におけるアートの産業革命をウォーホルが「発明」したと言って間違いないでしょう。

多くのコレクターが買いたいと望んでいる作品に対し、アーティストの供給が生きている間に追いつかないことは、売れっ子作家の場合はよくあることです。

しかしながらウォーホルは、ニューヨークにあるアートスタジオ「ファクトリー」という工場にて、大量のシルクスクリーンプリント作品をつくることで従来の制作工程そのものを変えていき、これまでの概念を壊していきました。

それは資本主義の世界を体現するように大勢の助手を雇い、まるで工場の組み立てラインのように大量生産する手法だったのです。

これがウォーホルの「発明」です。

次にウォーホルの作品の「インパクト」の大きさについて検証していきましょう。

ウォーホルのアートスタジオ「ファクトリー」は制作の現場に留まらず、ニューヨーク中のあらゆるクリエイティブな人々が集まるサロン的な役割をもつ場所にもなりました。

そこでは、さまざまな業界の最先端のアイデアが交換され、映像作品を制作し、音楽をプロデュースする場にもなりました。夜な夜な有名人が来てパーティーをやっていたようです。

「誰でも15分間は有名人になれる時代がやってくる」

ウォーホルはそう宣言し、スタジオに出入りする無名の人々を「スーパースター」と称してフィルムに撮り続けました。

社交界から依頼された有名人のポートレートを作品として描き、『Interview』という映画、音楽、アート、文学、ファッションなどのサブカルチャー界の中心人物をインタビューする月刊誌をつくっていったのです。

このようなウォーホルの行動がそれまでのアート業界にはない型破りなものであり、黙々と作品をつくり続ける画家のイメージを根底から覆していきました。

ウォーホルの登場によりアーティストは金持ちや有名人のために制作する下請け的な立場ではなく、同じ表舞台のステージに立つことになったのです。そればかりでなく、セレブな人たちそのものをイメージとした作品をつくることで、ウォーホルの社会的なインパクトの大きさは計り知れないものになったと言えるでしょう。

パッと見ただけではどこにでもあるようなポップアート作品ではありますが、ウォーホル独特の常識を覆す行動様式とそこに集まってきた周囲への影響力が従来のアーティストにはないインパクトを残したのです。

ウォーホルの作品が力強いインパクトを象徴するアイコンとして評価されていることは間違いない事実なのです。

ジャクソン・ポロックはなぜ高く評価されるのか

ジャクソン・ポロック（Jackson Pollock）はウォーホルと並んで世界で最も高額で作品が取引されるアーティストのひとりです。

アメリカのファンド・マネジャーのトップとして有名なケネス・グリフィンが2015年にサザビーズのオークションで買ったジャクソン・ポロックの作品の落札価格はなんと224億円という高値をつけました。

なぜここまで高くジャクソン・ポロックの作品が評価されるに至ったかについて考えてみましょう。

アンディ・ウォーホルと同様に、やはりポロックの作品も「発明品」であること、圧倒的な「インパクト」の大きさの2つによって高い評価を得て、美術史に残ったのです。

ポロックの「発明」は、その技法にあります。

まずポロックは、西洋絵画の慣習であるキャンバスを直立させて表面に絵を塗ることを否定しました。

絵画はイーゼルに載せて制作するものであるという固定概念を破り、キャンバスを床に寝かせるという新たな芸術方法を打ち立てたのです。さらにキャンバスを床に置くだけでなく、絵具缶から四方八方に絵具を撒き散らして制作するドリップ・ペインティングという独自のスタイルをも発明したのです。

「ドリッピング」(滴らせ技法)や、絵具を垂らす「ポアリング」(撒き注ぎ技法)という方法はその後に続く「アクション・ペインティング」というブームの起源にもなりました。

草間彌生がニューヨークに滞在した初期に、ポロックのアクション・ペインティングに刺激された後、まもなく代表作『無限の網』を発表し、注目を浴びることになるのです。

ポロックの感性は偶然にも渡米したばかりの草間彌生につながり、独特の抽象表現やアクション・ペインティングへと変化していく流れをつくっていきました。

次にポロックの残した「インパクト」の大きさがどれほどだったのかを見てみましょう。

それは彼がアメリカの「抽象表現主義」という新しいカテゴリーを先導したという貢献にあります。

抽象表現主義は戦後にアメリカはじめて世界に影響を及ぼした美術であり、美術の中心地をそれまでのパリからニューヨークへと移すきっかけにもなりました。

1930年代、世界恐慌の後にアメリカが失業者救済の景気対策としてニューディール政策の一環として行われたのが「連邦美術計画（Federal Art Project）」というプロジェクトです。

政府主導で多くのアーティストに大型のパブリックアートをつくってもらい、アーティストの生活を支えたこの計画は、戦時中の1943年まで続きました。

ポロックも連邦美術計画に参加したのですが、とくに第二次世界大戦中に多くのアーティストが自由と平和を求めてヨーロッパからアメリカに移ってきました。

とくにナチスの迫害からアメリカに逃れたユダヤ系アーティストが多くいたのです。

ユダヤ系アーティストは一神教ゆえに偶像崇拝を禁じることから、そこで独自の抽象表現主義が大きく発展するきっかけになりました。

戦後になって、ユダヤ人のクレメント・グリーンバーグやハロルド・ローゼンバーグといった美術評論家がポロックをはじめとする抽象表現主義を盛んに紹介し、それを体系的に理論づけることで、抽象表現主義は世界に向けて強く影響を及ぼすこととなったのです。

その先導者となったのがジャクソン・ポロックであり、アメリカが美術の消費地だけであったところから生産地へと軸足を移すことになったのです。そういった意味では、アメリカの抽象表現主義を代表するアーティストとして美術史的に果たしたインパクトは大きいと言えるでしょう。

評価の上がるアーティストの見つけ方

これまで、アンディ・ウォーホルやジャクソン・ポロックの例で示したように、新たな「発明」があったり、圧倒的に「インパクト」が大きい作品が評価が高くなるということはご理解いただけたかと思います。

しかし、そのような作品をつくるアーティストをどのようにしたら見つけることができるのでしょうか。

世界中で多くのアーティストが切磋琢磨していますが、すでに有名なアーティストが成し遂げた「発明」や「インパクト」の大きさを、今後どのようなアーティストがつくっていく可能性が高いかという観点から考えてみたいと思います。

まず、いつも同じような作品ばかり続けているアーティストは難しいでしょう。

本人がライフワークと称して同じ作品をつくり続けるのにはその人なりの理由があり、続けていくことに意味を感じているのかもしれませんが、それはあくまで自己評価であって、対外的にはそうでないことも多いのです。

また、前年評価されなかった作品は次の年も評価されない可能性が高いです。

ゴッホの時代とは違って、ネットの時代は今がだめなら将来もだめなのです。おそらく昨年つくったものと同じような作品は発明品でもなければ、大したインパクトもないでしょう。

アート業界の人は常に発明品やインパクトの大きな作品を探しているので、もしアーティストの作品がそれに該当すれば必ず見つかるでしょうし、作品の評価は上がるはずだからです。

ということは、評価が上がるアーティストは、社会の情勢に鋭敏なアンテナを立てて、世間の潮流をつくれる人でなければなりません。

制作力に柔軟な幅がなければ、すぐに飽きられ、誰からも望まれないものをつくり続けてしまうはめになるでしょう。

一方で、アーティストというのは、イラストレーターやデザイナーと違って、自分自身の発想で自由にものづくりをすることができる職業です。

そういう自由の中で自分が好きなものと、世間の人たちが期待するものを同時に満たすものを問い続けなければ、単にアートを趣味としている人になってしまうのです。

アーティストは自分自身がやりたいことと世間の要求とが交わる部分がなにかを考えなければなりませんし、同時に世間の考えを柔軟に引き受ける度量も必要となります。

わたしたちがそういったアーティストのもつ個性の部分まで踏み込んで観察することで、将来的に評価の上がるアーティストを見つけることができるのです。そこには、表面的に作品を見るだけでは分からない事実が隠されているのです。

第V章

買ってはいけないアート

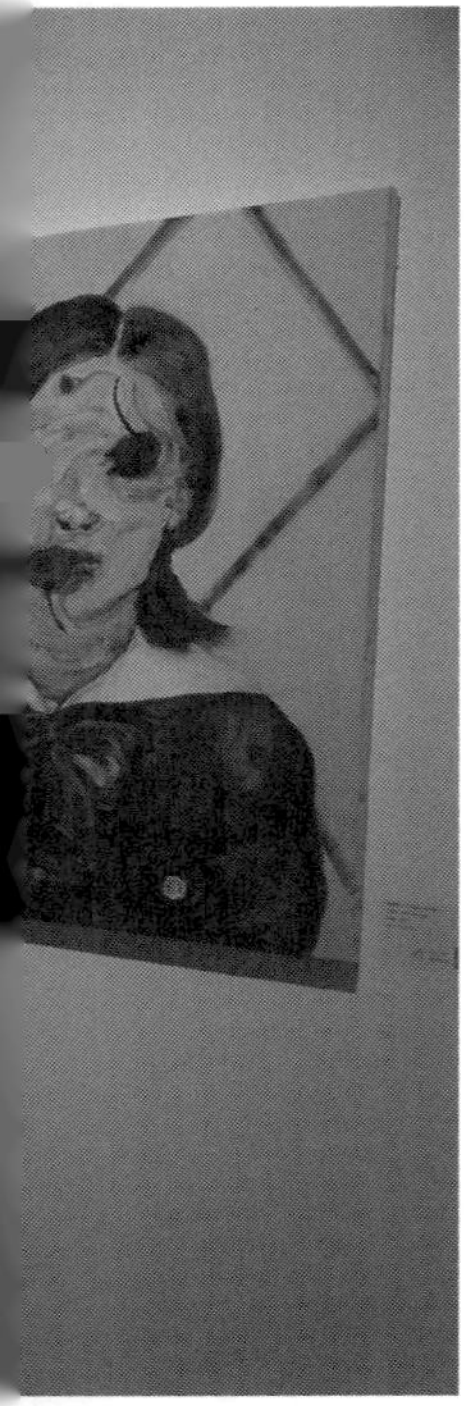

© 新藤杏子

価値の上がる仕組みのないところで、作品を買ってはいけない

そもそもアートの場合、個人の趣味嗜好が色濃く出るものなので、あまり他人がとやかく言うものではないと思っています。

それでも、例えば2人の作家を比べた時にどちらを買ったほうがよいかと聞かれれば、あまり迷うことなくどちらがおすすめかを断言できる自信があります。

それは勘のようなものではなく、多くの作品を観続けてきた経験値ですので、そのノウハウをここで公開したいと思います。

アートのコレクションといっても大金をかけて大それたことをやるわけではなく、個人の手持ち現金の一部をアートという資産に変えようというだけのことです。

どうせ投資するならば、自分の好きなアートを収集して、ある程度の期間楽しみ、作品の価値が上がったら販売して、その売買益を次のアートの購入にしていくという「現代のわらしべ長者」的

な発想が必要です。

小さな額の資産から始め、楽しみながらコレクションをしているうちに、気がついたら大きなお金になってしまったという、楽しみと資産の両方を実現する「二兎を追う者が二兎をも得てしまう」作戦なのです。

これを実現するには、「買ってはいけない」アートというものを知る必要があり、それをしっかり守りさえすれば、なにを買ってもよいということになります。

したがって、本書では具体的にこの作家を買いなさい！　とは言いませんし、言うつもりもありません。

アートは個人の趣味嗜好が分かれるものであるからこそ、なにを買ってもよいのですが、これだけは「買ってはいけない」というルールだけは守らないと、長期的に資産価値のあるコレクションにはならないのでご注意ください。

さて、「買ってはいけない」アートでまずお伝えしたいのは「価格の上がる仕組みのないところで、作品を買ってはいけない」ということです。

価格が上がる仕組みというのは、誰もが欲しがる人気作家の作品が上がり、逆に人気がなければ価格は上がらないままといった、需要と供給の仕組みがきちんとあるということです。

一般的に人気がない作品はギャラリーの店頭販売では価格は据え置きである場合が多いです。つまり店頭価格は下がらないとはいうものの、セカンダリーの実質的な販売価値はゼロに近いため、売る段になると二束三文でも買い手がつかないということです。

逆に、人気のない作品は本来なら価格が下がるか淘汰されるほうが健全な市場であるとも言えるでしょう。

ときどき、価格を高くすると売れないと言うギャラリーの人がいますが、実はそうではなくて、そこは価格を上げてでも売れる仕組みがないのが真実なのです。

つまり、価格が上がらない安い作品ばかりを扱うギャラリーからは買ってはいけないのです。そこでは、どんなに素晴らしい作品を見つけたとしても、作品が上がっていく仕組みがないので、将来的には二束三文になることは目に見えています。

あなたの作品を見る目がいかに熟練していても、価格の上がる仕組みがないギャラリーで買えば、作品の資産価値は次第にゼロに近づいていきます。

ゆえに、まずはアートを少しでも資産価値のあるものとして買いたいのであれば、最初に学ぶべきは、作品の価格が上がる仕組みの遡上に乗っているかどうかを見極めることが重要です。作品を取り扱うギャラリーの経営手法は作品が上がる仕組みには大きくかかわるので、じっくり観察したほうがよいでしょう。

そうしないと、せっかく購入した作家の才能は開花することなく、蕾のままで終わってしまうのです。

作家がセカンダリー・マーケットでも人気が出るような仕組みをつくらないギャラリーで買うことは、価値がない作品を買い続けるはめになることを意味します。

例えば、クリスチャン・ラッセン（Christian Riese Lassen）という作家はよく知っていると思います。イルカなどの海洋生物をモティーフとしたシルクスクリーン作品で有名であり、日本で最も売れている作家のひとりです。

確かに販売数は大きいのですが、オークションハウスでセカンダリー作品として流通していないため、いくら購入者が増えて人気が出ても作品の価格が上がることはありません。

セカンダリー・マーケットというのはある意味でプロの業者も購入に参加する領域であるため、アート業界の学術的な評価や文化的な価値を確立できていない作家の場合、オークションハウスが自身のブランディングを守るために出品希望者が多くてもあえて外すことが多いのです。

美術史に名を残す可能性のある作品は対外的な評価がなければ価格が上がらないことを賢明なコレクターは知っています。

だからこそ価値が下がる作品をあえて出品しないでしょうし、オークションハウスも市場で価値が下がる作品を取り扱いたくないのです。

また、日本でプライマリー作品を取り扱っているギャラリーの多くは、作品を売りっぱなしの場合も少なくありません。

一度売ったお客様から後で買い戻してほしいと言われても、それができるギャラリーはほとんどないのが実態です。つまり、ギャラリーで購入したといってもセカンダリーとしての価値へとつながっていなければ、コレクターは作品を安心して購入できません。

また、日本国内のオークションハウスでは、まだ若手の作品を積極的にカタログに掲載することは少ないです。

なぜでしょう?

オークションで若手の作家の取り扱いを積極的にしないのには理由があります。

そのひとつが落札率の問題です。

オークションハウスは手数料ビジネスなので、なるべく入札ロット当たりの単価は高いほうがよいし、落札率が落ちると出品者からの評判も悪くなるからです。

作品単価、落札率やカタログ制作のコストといった視点から、流通量が少なく、単価の低い若手作家を多く取り扱うことはオークションハウスではリスクが高いのです。

国内のオークションハウスは若手作家をあえて取り扱うことをせず、既存の著名作家を中心とした取り扱いになってしまうのはある意味でマーケットが小さい日本のアートビジネスでは仕方がないことなのかもしれません。

ずっと同じ作品ばかりつくっていて、代わり映えしない作家から買ってはいけない

作家について調べずに直観で買ってはいけません。

これまでその作家がどんな作品をつくってきたかを調べてから買うべきであり、画廊で作品を観てひとめぼれで買うのもそれ自体に問題があるわけではないのですが、少なくとも展覧会に行く前に予習をしてその作家がどんな人物か、過去にどんな作品をつくってきたかくらいはチェックしておいたほうがよいでしょう。

一目ぼれの電撃的な出会いは美しいストーリーではありますが、後であの時の判断は早計であったと感じることも多いのです。

ではなぜ直観で買うのではなくて、作家について調べる必要があるのでしょうか。

それは作家が制作を途中でやめてしまう可能性があるからです。まだ成功する前に作家活動をやめてしまうと、そこで価値が白紙に戻ってしまいますので、上がる可能性がない作品を買うことは

避けるべきなのです。

会社であれば、経営者が交替して他の人が再建させればそれで済みますが、アートはその個人以外で同じ作品はつくれないので、つくるのをやめた時点ですべてが終了となります。

途中であきらめない人かどうかは、実際にその作家に会うことで確かめることができればよいのですが、人事面接みたいなもので、最初に少し話をしたくらいで人物を見極めれるものではありません。長い付き合いがあっても人の性格が正しく理解できないことも多々あり、一筋縄ではいかないものです。

すぐにくじけるタイプかどうかを見極めるにはそれなりの才覚が必要でしょうが、ひとつだけ長続きするかどうかを見極める方法があるにはあります。

まずは環境に合わせて自分を柔軟に変える才能があるかどうかの1点を見ることです。

頑固に同じことを続けるタイプは、売れなくなったり、自分に自信がなくなった時点で他のタイプの制作に踏み切ることができずに、あっさり諦めてしまうことがあります。

時代を読み、時流に合わせて自らを変えていくものだけがたくましく生き残っていけるのはアーティストも同じです。ダーウィンの進化論で言われるように、変わりゆく環境に自らを変えていける種のみが生き残るのは当然の流れです。そこで見ておくべきなのは、作家が自身の作品を大胆に変えていく、または常に微調整を加え続けていけるのかということです。

過去の作品と現在の作品を比べて、それが常に進化していて、新しいチャレンジをしているかどうかをチェックしていけばよいのです。作家のウェブサイトを見て、過去の作品とどのように変化しているか、どのようにコンセプトが変わっているのかを見るのです。

そうすることによって、その作家が将来的にも変化に対応できるかどうかが分かりますし、よい方向にベクトルが向いているかどうかも察知することができます。

中には作品を悪化させる作家もいれば、マイナーチェンジしかできず、自分の世界観を大きく変えられないタイプが多くいます。

村上隆も初期の学生時代はタミヤのプラモデルを使用した作品をつくっていたのですが、そこから数年で全く違う作品をつくるアーティストへと変化しています。

自分の作風を変えるのは勇気がいることではありますが、それができる作家は長く続けることができる可能性が高いし、そのような作家を買うほうが賢明でしょう。

「今は売れなくてもいつかは売れる」はゴッホの時代の話であり、現代の情報社会では「今売れないと一生売れない」のです。

甘い夢を追い続ける作家ではなくて、現実に直面してどうすべきかを考え続けて、自らの殻を破っていく作家こそが大きなチャンスをつかむと考えたほうがよいでしょう。

今を感じさせない作品は買ってはいけない

なんとなく好きだからという理由で作品を買うことがあるでしょう。それはかつてどこかで見たことのある風景で、過去に見た作家の作風に似ているということかもしれません。なんとなく好きというのは、自分自身の過去の体験につながっていることが多いのです。

もちろんそういう作品を買うのもよいのですが、将来的に価値が上がる作品となると別問題です。価値が上がる作品は現在の社会を表現しているかどうかにかかっています。

つまり、高く評価されるアート作品は美術史の中にあり、その作品はその時代性を反映した作品なのです。

時代を代弁する作品でなければ決して評価に値することはありません。

時代を代弁するとは、その時代に生まれた作家がその時代でしか表現することができない作品です。

それは、新しい技法、斬新なテーマのとらえ方、それまでになかったコンセプトなどさまざまではありますが、過去のものを現代に置き換えることでもよいし、いずれにしてもどこかで時代を反映したものである必要があります。

現代に生まれた人間は現代の空気を感じ、自分自身が感じた風景や街並みや人々、受けた感性、思想というものを作家が吸収した上で出てきたアウトプットであるはずです。

その時その時にしか出てこない斬新さが価値なのです。

過去の焼き直しは退屈です。

あくまで作品は芸術品ではありますが、工芸的な美しさよりも重視されるのは上述したように「発明品」としての斬新さです。どこかで見たことのある作品は、誰かのコピーのようにしか見られません。やはり絶対的なオリジナリティというものを重要視すべきなのです。

そのためには作家は、あらゆるジャンルの作品や美術史を知らなければなりません。というのは、これは自分だけのオリジナルと思っていても、ふたを開けるとすでに多くのアーティストがやっている表現方法であることが多いからです。

これはビジネスと似ていて、始めたサービスが世界初の発明だというものは少なく、どこかですでに始まっているものか、商売にならないので発展しなかったというのがほとんどです。実は発明品というものは突然変異的な技術革新で出てくるものは少なく、ほとんどは既存にある、なにかとなにかの組み合わせで生まれるものだからです。

カメラつき携帯しかり、ＰＣと携帯を併せたスマートフォンしかりです。

アートも同じように既存のなにかをベースとして新しい表現を組み合わせたり、今まで誰もやったこととのない組み合わせで、これまでにない表現となることが多々あります。

調味料に適当になにかを合わせれば、なんでも美味くなるわけではないように、アートの組み合わせも世間で素晴らしい発明だと受け入れてもらうには、絶妙な組み合わせでなければなりません。

コレクターもその新しい表現や現代を反映している作品であるかを意識して作品を買うべきでしょう。

そのためには最低限知っておくべきは基本的な美術史であり、最近世の中に出ている新しいアートにどのようなものがあるかくらいは分かっておかなければなりません。

またそれが分からない段階では、ギャラリストなどの専門家に、「この作品はどこにオリジナリティがあって、なにが新しいのか、時代性をどう反映しているのか」を尋ねたほうがよいでしょう。

その答えを聞いてなんとなく満足できない内容であれば、買うのは躊躇したほうがよいかもしれません。

その時に「買わない」という判断はおそらく当たっているはずです。

第VI章

作品だけでなくアーティストを見る

© 塩見真由

作品だけ見てもだめな理由は？

アートを買う時には作品そのものと同じくらい作家のキャラクターが重要です。

ベンチャー企業とアーティストは似ています。たとえば、ベンチャー企業のビジネスモデルは当初はうまく動き始めても市場の変化に対応できずに立ちいかなくなってしまうことがあります。これは、アーティストが今つくっている作品がよく見えても、同じような作風では将来的に飽きられてしまうのと同じです。

つまり重要なのはビジネスモデルではなく経営者自身であるのと同じように、作品よりもそれをつくるアーティスト自身を見ることが重要だということです。

ここまでくるとわかると思いますが、実は投資家がベンチャー起業の経営者を見る視点と、コレクターがアーティストを見る視点には近いものがあります。

アートが資本主義市場に入っている現状では、コレクターを投資家、アーティストをベンチャー起業家としてとらえた方が理解しやすいでしょう。

この点を考えると、起業家からビジョンを聞かずにビジネスモデルだけで投資する人などいないように、コレクターはアーティストと会って生の声を聴くべきなのです。

わたしたちは仕事上アーティストと話をすることは多いのですが、その時に実際に売れるアーティストとそうでないアーティストには大きな違いがあることに気がつきました。

アーティストと触れ合うことで理解できたのは、成功する人には共通の特徴があるということです。

成功要因については、作品の特徴というよりもアーティスト個人の性格の特徴に由来することのほうが多いです。

それはざっくりと以下の3点に要約されます。

- 貪欲さがある
- 地頭がよい
- 出会いをつなげる

貪欲さと地頭のよさ

絶対に成功したいと思うアーティストは執着心が強く、貪欲です。

成功のために、諦めるということを知りません。

成功するまでやり続ければいつか成功する、という楽天的な性格でないとアーティストを続けることは難しいのでしょう。

最初のうちは作品が売れないとか、ギャラリストとの相性など、なんらかの形で制作活動に障害が立ちはだかるのは普通ですが、そこですぐにダメだと諦めてしまうのは、そもそも本気でアーティストを目指していない人なのです。

成功することに対して貪欲でない人は、とりあえずアート活動をやっていればよいので、趣味の延長でもアーティストだと名乗ることはできるのです。

しかし、貪欲なアーティストは違います。

ファンの数を増やすことに力を尽くし、セルフプロデュースにも余念がありません。自分自身のブランド力を高めるための努力を惜しまず、常に作品の完売に向けて邁進しているのです。

逆になにかがあるとすぐに落ち込んだり放り出したりと、なんらかの言いわけを使って自分を正当化するアーティストがいますが、成功するアーティストはそんなことは一切考えません。

すべての結果に対する責任が自分にあると受け止めているため、なんでも自分で決めないと満足しないのです。この貪欲さがアーティストにとって必要であり、メラメラとした情熱がそれを支えるのです。

常に自分を奮い立たせ、目標に向かってまっすぐ立ち向かう姿勢が最終的な成果に結びつくことを知っているのが、成功するアーティストなのです。

さて2番目は地頭のよさです。

いくら情熱的に制作活動をしていても、まったく方向性が違っていたり、顧客の心理が理解できないようなアーティストだと成功はおぼつかないでしょう。

アーティストの場合、とくに細かい知識の蓄積や経験値よりも地頭のよさがものを言います。言い換えると、細かい分析力ではなくて、世の中が進んでいる方向性を感じ取ったりする勘のよさです。

自らの立ち位置を知り、他とは違うことを考える発想力が必要なのです。そのためには、知識の詰め込みではなく、そもそもの思考方法が違っているのだと思います。推理して解決を導く思考方法なのかもしれません。

セオリー通りではない不測の事態が発生した時に考える力があるかどうかがアーティストに問われているのです。というのも、アーティストはサラリーマンと違って活動にマニュアルというものが存在しません。

アイデアが豊富で、一般の人から見ると「変わっている」と思われるくらいの地頭のよさがないとやっていけないのです。

出会いをつなげる

アーティストにとって、「出会い」は非常に重要で、すぐに自らの活動に返ってきます。いろいろな人と会うだけでは十分ではなく、会うべき人とはアーティスト側から積極的にアプローチして会う場をつくったり、キーパーソンと出会った時にどのようなコミュニケーションをとるかが重要です。

一期一会は大事なことではありますが、アーティスト個人として活動するならば、会う人の中で徹底的につき合う人とそうでない人とは明確に分けなければ、時間的な制約がある中で、すべての対応をするのは無理です。

あらゆる人にうまく立ちまわることができる八方美人である必要はありません。また、買ってくれる人ばかりを重要視するのとも少し違います。

言語化するのは難しいのですが、自身の指針となるメンターを見つけることのほうがアーティストにとっては重要な出会いと言えるのではないでしょうか。

アーティストはひとりで生きていく職業だからこそ、メンターの存在が際立ちます。それはすでに成功したアーティストかもしれないし、ギャラリストやコレクターかもしれません。もしかしたら業界とは離れたところにいる支援者かもしれないのです。

そういった出会いを大事にすることが、アーティストにとって大きな飛躍につながっているのは間違いありません。

上記のように大きく3つの特徴があるアーティストが成功する可能性が高いことは確実です。3つの特徴があるアーティストはよい作品をつくっていくでしょうし、それを期待してもよいでしょう。

作品を見るだけでなく、実際にアーティスト自身に会ってみることで、今後作品の評価が上がるかどうかを計るものさしになるのです。

第VII章

成功するアーティストとは

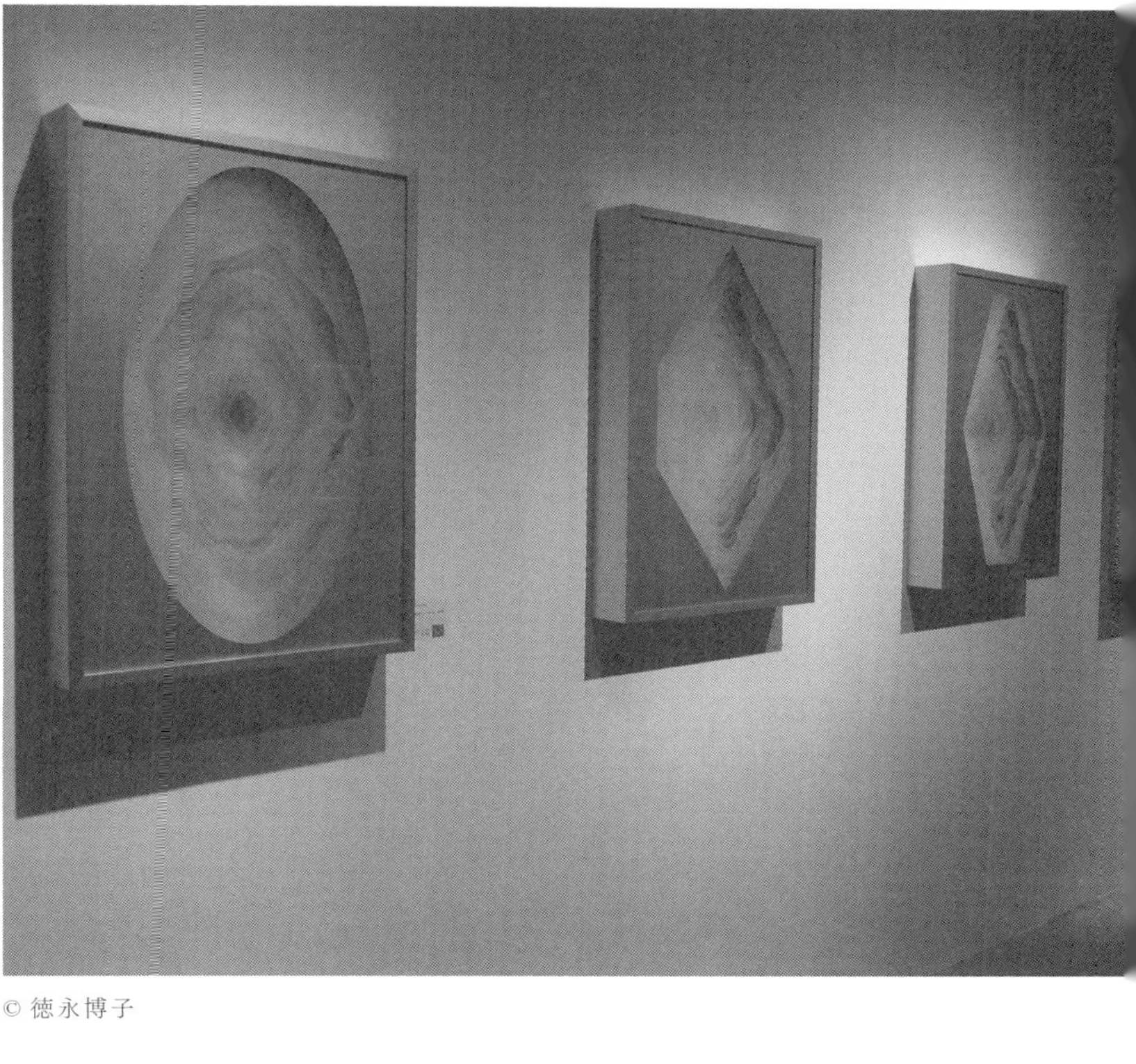

© 徳永博子

成功するアーティストとは

コレクターとアーティストの関係は、投資家と起業家に非常に近いことはすでに述べた通りです。

起業家がつくったビジネスモデルについて書かれたパワーポイントを見ただけでは投資家はお金を出してくれません。最初に草案したビジネスモデルが長続きするはずもなく、右肩上がりに書かれた月次の収益目標のエクセルシートに意味がないことを投資家は見抜いています。重要なのは起業家の情熱であり、なんとしてでもそのビジネスを成功させたいという執念があるかを直に会って話をすることで見ていくのです。

これはアーティストとコレクターの関係にも同じことが言えます。

ビジネスモデル＝アート作品と考えてみましょう。

とっかかりはやはり作品です。しかし、作品が気に入ったからといって、同じ作品をずっとつくり続けるわけではありません。アーティストは進化し続けなければならないのです。

つまり重要なのは作品だけで判断するのではなく、その作家の人となりを知ることです。その中で、将来的に成功するアーティストであるかどうかを見極めていくのです。

さて、成功するアーティストにこれまで多くお会いしましたが、大きく分けて彼らには3つの強みがあることが分かりました。

それは以下となります。

・アンテナを張っている
・コミュニケーション力がある
・あきらめない忍耐力がある

アンテナを張っている

最初に重要なのは「アンテナを張っている」ことです。アーティストは世の中のさまざまなことに注意を向け、社会の動静に敏感になっていなければなりません。

アーティストの立場として、社会的な問題への提言や、これまでのアートの歴史にはない新しい表現方法等が求められます。

見た目が美しいだけの作品は国際的なアート・マーケットでは評価されません。アーティストとして食べていくためには日本という狭いマーケットを対象にしていては実質的には難しく、国際的な評価を得るまでは食べていくことができないのです。

そのためには感覚を研ぎ澄まし、世の中の流れと自分の立ち位置を見極めた上でアーティストとして発信するメッセージとコンセプトをもつことが必須です。

メッセージの「面白さ」「斬新さ」「感心させる」「感動させる」といった、見るものに対しての圧倒的な影響力を発揮する作品でなければ、価値を上げることはできません。

世の中のさまざまな事象を観察した上で、新しい切り口で表現する力が必要とされています。したがって、作品そのものを常に進化させていくことも必要なのです。

顧客やアート業界は目まぐるしく変化しており、その変化に対応できるアーティストが残っていくと言えるでしょう。

決してうまい作家、技術力のある作家が勝つわけではないのです。常に社会に対して斬新な提言をすることで、わたしたちをハラハラさせてくれるアーティストが残っていくのです。

コミュニケーション力がある

アーティストにとって自分の表現したい内容を伝えるためにはコミュニケーション力が必須です。話し上手である必要はありません。文章を書いてもよいし、SNSやブログなどを活用してもよいと思います。

訴えたいことやアートを通じて感じたことを伝えるためにはコミュニケーションが重要であり、これなしに勝手に売れていく作品などないと考えてよいでしょう。

作品としての価値を上げるため、作品をどう伝えるかというアピールの方法も重要です。

意味が分かりづらい内容を一般の人に理解してもらうことは難しいため、誰でも分かる言葉で語ることが重要です。

コミュニケーション力は作品の内容を伝える以外に、ギャラリストやコレクター、美術館のキュレーターといった自分の周りの人々と知り合うきっかけをつくる上でも、さらにその方々との関係性をつくる上で最も大切なことです。

現在、世界で活躍しているアーティストの多くは極めてコミュニケーション能力が高いといって間違いありません。

村上隆や奈良美智はツイッター（Twitter）などのＳＮＳで発信していますし、草間彌生はこれまで多くの本を刊行しております。

アートの作品を制作するのみで対外的なコミュニケーションを避けてても世間が認めてくれる時代は終わりました。現在のアートの世界では通用しなくなったのです。

アーティストが、コレクターたちにリップサービスをすることはありませんが、大人としてのきちんとしたやりとりは最低限必要だと言えるでしょう。

あきらめない忍耐力がある

多くのアーティストがアート作品を売ることで食べていくことができないまま、アーティスト人生を終えてしまうことがほとんどです。

自ら競争をあきらめ、アートから足を洗って、アートを仕事から趣味の世界へと変容せざるを得ない状況に立たされているのは事実です。

金銭的な豊かさで一般のサラリーマンとアーティストとを比較してしまい、こんなことをしてもよいのだろうかという感情が発生するのでしょう。

また、親戚や友達からもアーティストそのものがまるで遊んでいるかのような見え方をされてしまうことがあります。

アーティストは自営業者であるとともに起業家と同じような立場です。誰にでもできるわけでない一握りの才能を生かした職業であるため、リスペクトされる存在でなければならないのですが、一般には理解されない職種であるため、世間の風当たりは強く、それに我慢できなくなって、最終的にはやめてしまうのだと思われます。

そこを踏ん張って最後まであきらめない胆力こそがアーティストとして成功するために必須なのです。

本人のキャラクターに直接触れる

成功するアーティストの条件に合ったアーティストであるかは実際に本人に会う必要があります。ウェブサイトやSNS、展覧会などでその作品を知った場合にはぜひそのアーティストと直接会ってみましょう。アーティストはギャラリーに来てもらい作品を観てもらいたいと思っていますので、できればギャラリーで会うのがベストでしょう。

可能であれば、アーティストの展覧会のオープニング（初日）に行くことです。多くのギャラリーではオープニングで簡単なレセプションを開催していることがあり、そこには必ず本人がいるはずですので、会って話をしてみましょう。アーティストもそこでいろいろな人に作品を観てもらい、話をしたがっています。

パーティーには作家の友達や知り合い、コレクターなど多くの人がワイン片手に集まってきます。作家は多くのギャラリーのお客様と話をするのに忙しいのですが、そこをなんとか割り込んで話をしてみることをおすすめします。

話をしてみると、そのアーティストがなぜその作品をつくったのかの動機や、強い想いを直接うかがい知ることができるでしょう。もちろん、会った後のコミュニケーションでアーティストの人となりをさらに深く知ることもあるかと思います。直感でアート作品を買うのもよいのですが、ある程度の金額の作品を買う場合には作家と会って判断するというのは賢明だと思います。

とはいえ、忙しい方は展覧会のオープニングに行く時間がないかもしれませんし、また展覧会が始まるまでの時間まで待てないこともあるでしょう。アーティストが展覧会、とくに個展を開催するのは年に1回程度だからです。

そのような場合には、フェイスブック（Facebook）などのSNS上で友達になることで作家の人となりを知ることも可能です。作品を見るだけでは分からない作家のもうひとつの横顔を知ることにもつながるでしょう。

第VIII章

アートの新しい評価軸

© 石川美奈子

アートの評価方法

これまでは一部の美術評論家による論評の内容を多くのコレクターおよび美術関係者がそのまま信じていた時代でした。評論家の評価によってアートの販売価格も変わりますし、マーケットも動かすことができたのです。

しかし、最近では、多くのアートファンに感動や共感を与えることによって評価されるという方向に軸が変わり始めています。

現在でもさまざまなことが有名な海外のアートメディアやキュレーターといった一部の評論家によって語られ、それが雑誌やテレビなどのメディアを通して世の中の人に広められています。

例えば、現代アートの場合、ある作品が「これまでになかった新しい美術史の文脈として位置づけられる」と著名な評論家が論じた時に、高い評価を受けることになります。

ということは、新しい美術史の文脈であるということだけで、その作品が多くの人からの共感を受けているかどうかとは関係なく高く評価されるということです。

そのような評価方法がインターネットの出現とSNSの拡充によって少しずつ変わってきています。

つまり上からのお仕着せではなく、消費者側の素直な意見が反映される時代に変化してきているということです。

例えば、ワインをひとつの例にしてみると、その評価は一部の評論家によって格づけされていた時代から、今では多くのワインファンがワイナリーの情報などを調べてそれがネット上で評価される方法がポピュラーになりつつあります。

また、わたしたちが美味しい食べ物屋を探す時に使う「食べログ」の評価ポイントも同じであると言えるでしょう。

店につけられる点数だけでなく、点数をつけた人自身の対外的評価が加味されて、それがシステムのアルゴリズムを通してポイント化されているのです。

恣意的な評価に惑わされることなく、消費者側の正しい意見が尊重されているということです。

ミシュランが高級レストランにお墨つきをつけていた方法と比べると、多くのグルメ家が評価するほうが客観性が高いことは間違いないでしょう。

アートに置き換えて考えてみると、工芸的な技術を重視するといったいわゆる大衆的な評価も含め、同時にアートの多くを見てきたコレクターたちとの評価を合わせた総体として正しく価値づけされる時代に変わっていくのだろうと思われます。

アートの評価はより大衆化に向かっている

例えば、チームラボのつくるアートのコンセプト自体は、表現方法は別として、どこか新しいとか難解だとかいうことではなく、小さな子どもたちでも楽しめる内容となっているのは周知の事実です。そこにあるコンセプトは文字にしないと分からないことではなく、体験をひとつのアートとしています。世界中の人が言葉などの壁をかいくぐって共感できる内容なのです。

つまり、単純に面白いから人が集まってくるのです。

現在、チームラボはニューヨークの四大ギャラリーのひとつであるペース・ギャラリーがお台場や豊洲の新しい施設のプロデュースにもかかわっています。

これも世界のトップギャラリーが、一部のコレクターに作品を販売することのみを収入とするのではなく、大衆を相手に入場料収入を得るというビジネスモデルをも評価しているという所以です。

つまり、アートを一部の評論家によって権威づけされるものから、多くの共感が入場料収入という分かりやすくアートをお金に変える方法が確立されつつあることを示しているのかもしれません。

コンセプトが難解であることや、複雑なコンセプトを重ねることで意味を深めることだけが評価される時代はいずれ終焉を迎えることになるでしょう。

評価の大衆化ということは、論じる評論家から素人へとその主体が変化したということではなく、アートに対してきちんと評論が行える一般人やコレクターが増えているということです。

以前よりも利用されるネットメディアは無数に広がり、作品に対する評価の表現スタイルもどんどん多様化しているのです。そういう時代においては、アーティストも評価軸の変化に機敏な対応を迫られるでしょう。

キャンバスに描く絵画というのは古典的な技法としてクオリティーの高いものは評価されるでしょうが、そういう分野の競争は差別化が難しく熾烈なものとなっていきます。

また、アートが個人でつくるものから団体でつくることも増えていき、さらには多くの人が集まってコミュニケーションしながらつくるスタイルも増えていくかもしれません。

このような状況において重要なのは、そこに多くの人の感動があり、共感があることなのです。

上からのお墨つきにありがたく思う時代は終焉を迎え、多数の消費者が評価をし、マーケットを動かす時代に変わりつつあるのです。

わたしたちにとっては、それを敏感に察知し、行動に移すことが重要であると思います。

進化する現代アート

現代アートはますます進化しています。それは適者生存の言葉の通り、今の世の中の動きについていけるアートが生き残り、それ以外は淘汰されるということです。

また、その時代において高く評価されて生き残った作品はその後にも保存され残されることとなるのです。

美術史的に重要であると評価された作品は文化財として保存され、その時代に人類がどのようなアートの歩みを行ったのかの証となるのです。

しかし、アートが生き残っていくためには、スポーツなどのようにルールが明確化された競技とは違い、その評価は個人によって大きく違います。

アートの評価には好き嫌いといった恣意的な要素が加味されることもあるからです。

したがって、一部の著名なキュレーターや評論家の意見などが重視されており、そのような絶対的権威に一般購入層が従わざるを得なかったのがこれまででした。

しかし、最近では状況も変わってきており、キュレーターや評論家でなくても誰もがアートを評価できる時代になってきています。そういう時代において、今回はあらためてアートの進化について考えていきたいと思います。

アートというものを俯瞰的に見ることによって、世の中がどのような潮流の中で進んでいるかを知ることができるのです。

それによって、好き嫌いだけで購入するアートを選ぶやり方から、将来的を見据えてアートのトレンドをしっかり掴みながらコレクションすることへと変わっていくと考えています。

さて、ここでいう現代アートの進化とは、アートの「大衆化」、「民主化」および「マーケットの拡大」の3つです。

まずはアートの大衆化ですが、過去と比較すると現在ではとてつもなく多くのアーティストが制作者として参加することになりました。

欧米などの先進国以外の国でもアーティストの数が爆発的に増えています。

成長するアジアの新進アーティストたちは、自国の伝統的な美術品を意識せずに全く違う形で欧米のトレンドに沿った作品をつくっています。

キャンバスに油彩といった従来の技法はすでに古典的なものとなりつつあり、平面の上に表現すること以外での方法が飛躍的に増えているのです。

映像、立体、※インスタレーション、パフォーマンスアートなど、絵がうまい下手にかかわらず表現方法が多彩になったことで、作品数が圧倒的に増えているのです。

アーティストの数が増えるということは、そこでの競争は激しさを増し、クオリティーの高い作品が多くつくられることにつながっていきます。

※インスタレーション・展示空間を含めて全体を作品とし、観ている観客がその「場」にいて体験できるアート作品のこと

アートの新時代

近い将来、誰もがアートをもつことができてアートを楽しむ時代になっていくでしょう。

これまでアートの収集家というと金持ちの道楽のようなイメージでしたが、現在では誰もが数千円から数万円単位でアートを買うことができて、さらにそのアートを売買できる時代になりつつあります。

だれもがアートについて批評し、セカンダリー・マーケットにも積極的に参加できる日が近づいているのです。このトレンドは間違いなく進んでおり、後戻りはできない状況にあります。

アートが大衆化、民主化していくことで、アートに親しむことが容易になっているのは世界共通の流れであり、それを牽引しているのは、ネット社会によって簡単にアートの情報が得やすくなっていることなのです。

さて、日本にいるとアートのマーケットが拡大していることが実感しにくい状況にあります。実際にバブル期に比べるとアート作品の売買は減っているし、リーマンショック以降も回復傾向にはありますが当時の隆盛には及びません。

したがって国内のギャラリーは「日本にはコレクターがいない」とばかりに不平不満をこぼしていますが、それは国内のマーケットしか見ていないからです。

世界規模で見るとアートのマーケットは着実に拡大しています。中国マーケットの成長もあり、年率5％以上の規模で伸びています。しかもそのスピードは上がっているのです。

とくに現代アートの場合、世界各地でオークションをはじめとするセカンダリー・マーケットが成立以後は、一進一退を繰り返しながらもそのマーケットにかかわる人が増えており、マーケット規模が大きくなっています。

最近ではレオナルド・ダヴィンチ（Leonardo da Vinci）の作品が500億円以上で取引されたりしましたが、それどころか現在すでに100億円以上の価格でオークションで落札された作品が30点を超えているという事実にびっくりします。

ここ数年でこのような高値の作品数は一気に増えたのです。

気軽に買える作品が浸透する「大衆化と民主化」が進むと同時に、超高値の作品マーケットも進んでいるのです。

この分野はすでに投資から投機へと進んでおり、高価な作品をもつことが新しいリッチ層でのステータスとなりつつあります。

それは先進国だけでなく、新興国でも進んでいます。

高くなりすぎたアート作品ではありますが、まだ心配には及ばないでしょう。株式市場などで売買されるマネー全体のマーケット規模から見るとアート・マーケットはまだほんの一部に過ぎません。

アートは本当にお金をもっている人から見ると投資ポートフォリオの数パーセントを占めるだけであり、彼らはほかのことに多くのお金に投資しているのです。

土地と同じで唯一無二の存在であることがアートの特徴であり、だからこそ今後の価格が大きく暴落することなく着実にマーケット全体が拡大していくと予想されます。

アート・マーケットの寡占化

現代アートの中でも、とくに価格帯が高いマーケットが拡大していることを申し上げましたが、具体的にはどのようなことが起きているかについて述べていきたいと思います。

一言で言うと、今はプライマリー・マーケット、セカンダリー・マーケットともにアメリカの巨大市場の寡占化が進んでいると同時に、中国市場が独自の立場でそれを追っている状況です。

とくにプライマリー・マーケットでは、ニューヨークに拠点を置く4大ギャラリーの力がますます巨大化しています。

4大ギャラリーとは先に述べましたが、ガゴシアン・ギャラリー、デイヴィッド・ツヴィルナー、ハウザー&ワース、ペース・ギャラリーの4つです。

美術館かと見間違うばかりの広大な展示スペースをもち、そこで展示されるほとんどが著名アーティストのミュージアムピースです。

アートバーゼル、フリーズ、アーモリー・ショーをはじめ、主要なアートフェアには必ず一番大きなブースで出展して、数日間で巨額のアートを売上げています。

ガゴシアン・ギャラリーの年間売上は1社だけで日本国内の現代アート・マーケットをはるかにしのぐスケールです。日本人では村上隆をはじめ、ジェフ・クーンズ（Jeff Koons）、ダミアン・ハースト（Damien Hirst）などが所属アーティストとなっています。

38頁でお話ししたように、デイヴィッド・ツヴィルナーはそのガゴシアン・ギャラリーから草間彌生を引き抜いたことで業界第2位の地位を確実にしつつあり、ポスト・ガゴシアンの座を狙える筆頭に位置するギャラリーです。

日本にはなじみのあるペース・ギャラリーは、奈良美智、杉本博司、チームラボといった日本人作家のほか巨匠も多く取り扱っています。

アートフェアにおいて、4大ギャラリーのブースのセールスが好調である理由として、このギャラリーの所属アーティストは将来的に価値が上がる可能性が高いことがあります。

それは彼らの圧倒的な顧客基盤とプロモーション力であるからにほかなりません。このようなトップギャラリーは実力のあるアーティストをどんどん自らのギャラリーの所属に取り込むように仕掛けています。

中堅ギャラリーに所属するアーティストはより大きな舞台で実力を試したいと思いますので、大きな契約金が動くと巨大ギャラリーに移籍することもよくある話です。

またアートフェアでも超富裕層は大手ギャラリーが展示している作品を優先的に購入しますので、中堅や小規模ギャラリーとの差は開くばかりです。

さて、これまでの中国はセカンダリー大国と言われ、プライマリー・マーケットに出す前にギャラリーが直接オークションハウスなどに出品するケースが多々ありました。

しかしながら、現在はセカンダリー・マーケットが大きくなりすぎてプライマリーとのバランスが極端であった中国も変わりつつあります。

これまでは自国の中国人アーティストの購入がほとんどであった中国人コレクターも、最近は値上がりの大きなアメリカ人アーティストをターゲットとして欧米のギャラリーから購入することも増えているようです。

そのような大きなトレンドを絶対に見逃さないのが、先ほどの4大ギャラリーです。

彼らは成長著しい中国のアート・マーケットを虎視眈々と狙っており、関税がかからないゲートウェイとして香港にギャラリーを置いています。

中国国内のように作品輸入の入関時における検閲を受ける必要がないことから、北京や上海ではなくて（ベースは北京の798地区にギャラリーがある）、香港に拠点を置いているようです。

このようにして巨大ギャラリーがますます大きくなる傾向は避けられそうにありません。

彼らのもつ豊富な資金力をさらに強め、オークションハウスや美術館、批評家やアートメディアを味方にして、拡大に拍車がかかっていくことでしょう。

これは、アップル（Apple）、グーグル（Google）、アマゾン（Amazon）、フェイスブックの米国のIT4社が市場の最もおいしいところを独占してその規模を拡大している図とよく似ています。

アリババやテンセント、バイドゥといった中国独自のIT事業がその規模を拡大しているように中国でも巨大なプライマリー・ギャラリーが今後出てくるのは間違いないでしょう。

セカンダリー・マーケットではすでに北京の保利《ポーリー》オークションがサザビーズ、クリスティーズの2大巨頭の次であったフィリップスを抜いて3番手の規模にまで成長しています。フィリップスは中国のチャイナガーディアンの次の5番手まで落ちており、その他の中国のオークションハウスの躍進も目覚ましいです。

この状況を考えると、中国のプライマリー・ギャラリーが自国のマーケットを政府の傘下で拡大化させていくことが予想される中、アメリカの4大ギャラリーとの熾烈な市場の争いが繰り広げられることになるでしょう。

このように、高価格帯のアート・マーケットは大手の寡占化が進んでいるのですが、その一方で、低価格帯のアートの大衆化も同時に進んでいます。

そこは大手の寡占化とは違い、独自路線による差別化がとくにものをいうところです。

次に、アートの大衆化、それから民主化についてマクロとミクロの両方の視点からアートの進化を見ていきましょう。

アートの大衆化

アートの大衆化の意味は、誰でもアーティストになれて、誰でもそれを買うことができる時代になってきたということです。

近代以前の時代は、王侯貴族などの特権階級がお抱え作家に作品をつくらせたりしていたのですが、現在では一般にも普通に売買される時代になりました。

アートが高尚な人だけのものであった時代から、誰もが楽しむことができるものに変わったということです。

さて、アートの大衆化が進む一方で、超高値のアートが数多くオークションで落札されているという現実があります。

数億円を超えて売買されるアートの存在が、成功を目指すアーティストの人数を増やすことにつながっているのです。

これによって、現在は高価格帯から低価格帯までアーティストの裾野が広がっています。

アーティストという職業はとくに資格が必要でもなく副業が普通なので参入障壁が少なく、裾野が広がっています。美大出身ということは関係なく、誰でもそのキャリアをスタートさせることができますし、一発逆転での成功も可能な職業なのです。

このように誰でもアーティストになれる時代になっただけでなく、アーティストと作品との境目が曖昧になっている時代でもあります。

これまでは作品とアーティストは別々に考えられてましたが、同一視されるようになってきたのです。作品そのものがアイデンティティをもっていた時代から考えると、タレントのような人たちが既存のアーティストにとってもライバルになりつつあります。

有名人は圧倒的にファンが多いので、アーティストとして作品を売ることが容易であるのは事実です。誰でもアーティストになれる時代だからこそ知名度が圧倒的に有利にはたらき、作品の需要が供給を大きく上回るのであれば、価格も急騰することでしょう。

さて、一般的なマーケティングの見地からは、「顧客がすべて正しい」「売れる商品がよい商品」という考え方がありますが、その考え方はアートにも当てはまるでしょうか？

個人主義が横行している現在では、ものづくりやサービスが優れていると提供側が思っていても、顧客がよいと感じなければそこに価値は見いだすのが難しくなっております。

顧客に振り向いてもらえないサービスは個人の趣味の延長と同じであり、社会にとっての貢献度はほとんどないに等しいかと思われます。

こういった考え方は資本主義経済では比較的当たり前となっていますが、美術業界はいまだにそれを受け入れる土壌とはなっていません。

美術業界の一般論は「売れるからと言って必ずしもよい作品とは限らない」ということです。つまり、「売れないけれどよい作品はある」というのがこれまでの美術界の考え方でした。

しかし、この考えも時代と資本主義の流れから徐々に崩れつつあります。

これからの時代、売れない作品というのは「将来的な価値が認められない」作品という見方に近づいていくでしょう。

さまざまな技法が認められる時代には、インスタレーションなども当然販売の対象になるでしょうし、コレクションする作品は必ずしも部屋に飾る必要がないという見解が広がれば、売りにくい作品というものが減っていくに違いありません。

例えば、映像作品は売りづらい作品のひとつではありますが、コレクションとして搬入出が簡単で、展示のインパクトが高い作品であること、新しいメディアであることから、コレクションとしての価値がより高くなる可能性が高いのです。

したがって、「売れる作品こそがよい作品」という理論がアートにおいても当たり前となる時代に近づいていくことになるでしょう。

アートの民主化

前述の通り、大衆化とはこれまで一部の方が独占的にやっていたことが一般の人にも浸透して当たり前になる状態を言います。

それに対して、アートの民主化とは一部の人によって評価され価値づけされていた時代から誰もがアートを評価できる時代になるということです。

例えば、王族などの特権階級が国を統治していた時代から一般の民衆の意見が政治に反映されたのと同じように、一般のアートファンの感覚を作品の評価として重視する時代に変わるという意味です。

これは、美術業界において美術史を理解した学芸員や評論家の意見が必ずしも絶対ではなくなっていくことを意味します。

直感的に面白いと感じたことが高い評価につながるように、一般のアートファンが評価を決めるように変わっていくということです。

一般のアートファンといってもアートを買うことができる人が対象となるのですが、そこには学術的な理論を通り越した「共感する質と量」が分かりやすくデータとして顕在化する時代になっていき、それが重要な評価の指標になるということです。

もちろん美術史に残るような新しい文脈をもっている作品であることが学術的な見地で重要なことは言うまでもありません。

しかし、その部分だけが作品の評価として決定されるのであれば、それは一般のアートファンより美術史に詳しい評論家の意見が重視されるということであり、それはアートの民主化とは逆の流れとなります。

アートの価値を評価するのは、あくまでその作品を見て「共感する質と量」の総和であるべきであり、それはインターネットの進化により可視化されていくことでしょう。

つまり、アーティストにとって、最も気をつけるべきことが「顧客の評価」になってくるのです。

顧客の気持ちを無視してでも自分のつくりたい作品をつくるのは自由ですが、それで売れなければ趣味の延長であり、プロのアーティストが生きていくためには自身の作品から出されるイメージやメッセージをどこまで多くの顧客の心に深くまで感じてもらえるかに尽きます。

次項では、テクノロジーが変える未来について、アートがどう変わっていくのかを予想していきたいと思います。

コレクターの未来

情報が簡単に手に入る時代になってくると、コレクターにとっては感性の差がものをいう時代になりつつあります。

感性の力をつけるためには、一流の作品、最新のトレンドの両面から大量の作品を見ていくことが必要です。

質のよい大量の作品を見ていく中で感性が蓄積されていき、それまで見てきたものとは違うものがなにかを体感的に感じることができるようになるのです。

そこで初めてコレクターの感性が力を発揮します。感性がつく前までは、業者側に一方的に作家をすすめられ、それにしたがって作品を買っていた人も多くいるでしょう。

コレクターとしては、すべてのギャラリーや作品を知っているわけではないので、知識と経験で上をいくギャラリーの意見を聞くことがひとつの手段であるかもしれません。

しかし、ネットが普及した時代においてコレクター側も情報武装ができるようになったことから、どのような作品をギャラリー側がすすめてくるかが分かるようになってきました。

感性を身につけたコレクターは、ギャラリーの意見がホンモノであるかを見破ることができるようになり、ギャラリストが進めるアーティストの作品だけを盲目的に買うことはなくなるはずです。

また、アーティストのもつ価値については、独自の好き嫌いのものさしをもち出すのではなく、俯瞰的に見てそのアーティストの価値がどうなるのかを見る目を肥やすことも感性のひとつなのです。

さて、このような時代になってくると、感性のあるコレクターが買うアート作品の価値の上昇率がほかより高くなることは間違いありません。

同時に、アート作品の価値が、オークションハウスをはじめとするセカンダリーの入札実績によって大きく左右される時代はやがて終焉を迎えるでしょう。

セカンダリーは誰でも参加できる売買の場ですので、人気が集まると一気に価格が上がりやすくなり、とくに複数の参加者が異常なまでに競り合うと相場を超えた落札価格となります。

また、欧米のアート・マーケットのとくに高価格帯の作品取引の実態としては、ギャラリーが美術館、オークションハウス、批評家などさまざまな美術関係者とのコネクションを強化し、その中でシンジケートをつくっていることが予想されます。

シンジケートは次に価値を上げるアーティストを彼らの中で秘密裏に決めることができるかもしれないのです。

つまり、業界内での「流行」を決めるようなもので、そうすると流行に合わせることが業者にとっても作家にとっても重要事項となってきます。

したがって、ギャラリーもどのグループに入っているかという自分の立ち位置やどのアートフェアに出展するかというブランディングが重要となっているのです。

それが傍目から見たギャラリーの信用となり、非常に分かりやすいバロメーターとなっているのが今の実態です。

しかし、このような排他的な一部の業界関係者による価格操作によってマーケットが形成されるというのはインサイダー取引のようなものであり、今後もそのような慣習がずっと続くとは思われません。

これからの時代は新しいコレクターがリーズナブルで質の高いアート作品をセレクトして買うようになり、それが将来的に資産としての価値をもつようなマーケットを活性化するであろうと予想されます。

アーティストの未来とテクノロジー

アーティストの数は今も増え続けており、アーティスト同士の競争が激化する中では、作家としての独自性がますます重要となります。

そもそもアーティストとはこれまで世の中になかった新しい発想でのモノづくりが求められることから、「発明家」でなければならないのです。

つまり、自分がほかとどう違うのかを意識する必要があるのです。

と同時に、自らプロデューサーとしてファンをつくることがアーティストにとって重要となります。

ギャラリーをはじめとした業者が、増え続けるアーティストを個別にプロモーションできるかどうかがむずかしい状況において、アーティスト自らが事業主として自分自身を売り込む必要がありますが、今の時代ではセルフプロデュースが容易にできるようになってきています。

アーティストはさまざまなギャラリー等の業者に「売ってもらう」のではなく、業者を「利用」することで、自分自身をアーティストとしてアップグレードできるようになるのです。

さて次に、アートとテクノロジーの未来について考えていきましょう。

現代はアート作品やアート業界がテクノロジーと無縁でいられるはずがありません。

わたしたちはアートの価格が上がる具体的な仕組みや、アートの価値を決める法則について、どのようなものが使われているかを知る必要があります。

ギャラリストやオークションハウスなどの業者がつける価値に対して、盲目的にその価値を信じる必要はないからです。

ギャラリーが設定する価格はある意味で恣意的なものであり、具体的な理由があるわけではないことが多いのです。

これまでの経験とか作家の略歴から価格を決めてることもあるし、アーティストからの希望価格も加味されているはずです。

つまりギャラリーの販売価格に一貫した法則がないとなれば、購入側はその価値を独自のものさしで客観的に見たほうがよいでしょう。

アートが、絵のうまさや技術で評価されていた時代とは違い、コレクターがそのアートの価格を客観的に分析することが必要となる時代が始まっているのです。

それには大量のデータと、どれだけ多くの人の心を動かす作品があるのかといったことを経験的に熟知する必要もあるでしょう。。

作品の価値を客観的に評価するアルゴリズムによって具体的に価値づけされることがテクノロジーとして実現できる未来はさほど遠い未来ではないでしょう。また、その作品をつくるアーティスト自身についても客観的データで分析される時代が来るかもしれません。

第

IX

章

投資としてのアート購入の鉄則

© 坪山斉

アートを購入するのは個人の自由であり、自分の趣味嗜好の中で選ぶものです。

しかしながら、よいコレクションをつくっていくとなると話は少し違ってきます。資産的な価値を担保しつつアート作品を蒐集していくにはある程度の知識が必要となります。

ここではよいコレクションをつくるにあたっての購入の鉄則となるものを紹介していきたいと思います。

ご自身の「勘」でなんとなく好きだから作品を買うのもよいのですが、買う前に少しだけ踏みとどまってそれぞれの鉄則を思い出してほしいと思っています。

本当に素晴らしいコレクターは購入の鉄則を数多い経験の中で知らず知らずのうちに会得しているのですが、それに気がつくまでかなりの年月を消化してしまいます。

それまでの労力とお金をつぎ込む前に、効率よくコレクションの達人の知恵を学ぶこととしましょう。

鉄則1　同じアーティストの作品ばかり買わない

これはアートコレクター初心者にありがちなことです。

奈良美智の作品を初期の安いころから買い続けてサポートした人が、後にオークションで数億円の売却益を手にしたといった話もあるにはありますが、このような話がどこにでも転がっているわけではありません。

目利きと言われる人もかなりの確率で当たりはずれ（はずれのほうが圧倒的に多い）があるだけではなく、たとえ能力のあるアーティストでも売れ始める前に作家をあきらめたり作風を変えたりすることがありますので、必ずしもよいアーティストだからといって価値が上がるとは限らないのです。

著名なキュレーターが見つけて美術館で紹介してもらえる確率は作家全体で見るとかなり低く（0・1％もない）、その確率を考えると同じアーティストばかり買い続けることは作品の値上げを期待する点では効率が悪いと言えるでしょう。

パトロンとして作家の成長に合わせて少しずつ買っていくのはよいとしても、資産的な価値も含めたコレクションをつくるには同じアーティストばかり買うのはあまりに芸がありません。

幅広く多くのアーティストを知り、その中で吟味して買うことによって初めて知見が広がるのであり、それがよいコレクターになるための条件であると考えたほうがよいでしょう。

鉄則2　ずっと同じギャラリーで作品を買わない

これも鉄則1と同様にコレクション初心者が陥りやすい罠のひとつです。

まず、ギャラリーというのはそのほとんどがオーナー経営であり、オーナーの嗜好によってアーティストが選別されています。

コレクター個人の嗜好がギャラリーのオーナーの感覚に近ければ、当然そのギャラリーで買うことが増えてくるでしょう。ギャラリー側もお客様がどんな作品が好きなのかを理解しておすすめの作品を紹介してくれるに違いありません。

しかし、ずっと同じギャラリーばかりから買い続けるのは投資の観点からは危険です。

オーナーの経営手腕にも栄枯盛衰があり、所属アーティストも一度ギャラリーの手から離れると行き場を失うこともあるからです。

また、同じギャラリーばかりで買うと、いわゆるギャラリーから見た「いいお客さん」になってしまうという危険性もあります。そうなってしまうと、ギャラリー側の言いなりに余った在庫作品を買わされてしまうことにもなりかねないのです。

ひとつのギャラリーでの取り扱いアーティスト数というのはせいぜい20名であり、そのうち1、2名の売れっ子が出てくればギャラリーとして食べていけますので、実際には価値が上がっていくアーティストは取り扱い全体の10％程度（2～3人かそれ以下）に過ぎません。

であれば、同じギャラリーからではなく、いろんなギャラリー毎にベストだと思うアーティストをセレクトするのがよい選択です。

鉄則3　写実作品と工芸的な超絶技巧は買う前にちょっと立ち止まる

コレクター初心者は、作品のコンセプトよりも技術的な部分に興味をもつことが多いようです。したがって、どうしても最初は写真のように細密に描かれた写実作品に目がいってしまいがちです。

しかし、写実作品そのものはクラシックな存在として技術的に高い評価を得ることはあっても、現代アートとしての評価はあまり芳しくないものなのです。

うまく描かれた絵というものは近代美術の時代は高く評価されましたが、マルセル・デュシャン以降はコンセプトそのものに評価が置き換わってきているのです。

同様に超絶技巧品も日本人のお家芸であり、技術的には誰にも真似ができないような緻密な作業を施した作品は人気が高くなっています。

国内最大のアートの見本市であるアートフェア東京でも超絶技巧の作品はとくに人気が高く、販売開始とともに売り切れる作品も多いのは事実です。しかし、実際には工芸品としての評価と現代アートとしての評価は似ているようで違うのです。

かなりの努力と長い経験に培われた作品でも、コンセプトのもつ共感力、独創性、ユニークさなどがなければ、アートではなく単なる工芸品に過ぎません。

現代アートはあくまでもコンセプト重視であり、その部分が欠けているとすれば、技巧的に優れた作品であっても買う前に少し躊躇したほうがよいでしょう。

鉄則4　ギャラリーでは取り扱い作家のファイルを見せてもらう

平日働いている人がギャラリーを一気に回ってみようと思うと、土曜日に限られてしまいます。日曜日はほとんどのギャラリーが休みだからです。

ギャラリーマップを駆使しても現代アートのギャラリーを訪問できるのは一日10軒で精いっぱいでしょう。

さて、そのようにギャラリーを見て回っても実際に自分の好みに出会える可能性はさほど高くはありません。そうなるとほぼ一日の努力が徒労に終わってしまうのではないかと思われますが、実はよい方法があります。

というのは、ギャラリーには展覧会を開催している作家以外にも裏に作品が置いてあるからです。

前回の展覧会の作品など直近のものはまだ作家に返却していなかったり、ギャラリーがほかの顧客に見せるために置いてある作品も一部あるからです。

したがって、ギャラリー訪問の際には面倒でもそこで取り扱いしているほかの作家の作品の一覧を見せてもらうとよいです。

展覧会で見た作家が好みでない時もそのまま帰らずに少し踏みとどまって、ほかのアーティストのファイルを見せてもらうように依頼することが賢いやり方です。

必ずギャラリーは所属アーティストのファイルをもっており、気になった作家についてはそのファイルをチェックして購入可能な作品を確認したほうがよいでしょう。

ただし、そこに展示している作家が在廊している場合には、ほかの作家の作品を見せてもらうのはさすがに気が引けるので、別室でこっそり見せてもらいましょう。

作品を観ることに妥協していてはよいコレクションはできません。選択肢はなるべく多くして、その中からどれを選ぶか悩むくらいが一番よいのです。

ギャラリーの平均的な取り扱い作家数が20人だとすると、10軒回れば200人分のファイルを見ることができますので、そうすると自分の好みの作品にたどり着ける可能性も高まるのです。

ただし、一軒ずつファイルをじっくり見るとなると、一日に10軒の訪問はさすがに至難の業となるかもしれません。

鉄則5　作家の代表作を買うべし

ギャラリーで展示している作品で、もしその展覧会のDMやウェブサイトでメインビジュアルとなっている作品が自分のお気に入りであればそれは買ったほうがよいでしょう。

メインビジュアルの作品というのはギャラリーと作家の意見が一致して「この作品が一番よい」と思う自信作だからです。

しかし、人気が高い作家の場合、そのような作品はすぐに売れてしまう可能性が多く入手が困難です。

だからこそ初日のオープニングに合わせて早めにギャラリーに行くのが最もよいタイミングだと言えるでしょう。

しかもオープニングというのは作家にとっての晴れの舞台ゆえ、作家が在廊している可能性が極めて高いのです。

オープニングで実際に作家と話してみて本人のキャラクターを知ったうえで買ったほうがよいでしょうし、その場で代表作を買えるのであれば、やはり行くなら初日なのです。

作家にとっての代表作は後にセカンダリー・マーケットに出た場合にもほかの作品より高い価格が付く場合が多いです。

オークションハウスのエスティメート（見積り）では同サイズの作品と価格が変わらなかったとしても、代表作ともなれば、その作品がどうしてもほしいと思う購入者が複数いて一気に競りが激しくなることもあるのです。

予算的な問題がクリアしているのであれば、少しサイズが大きくても代表作を買うことをまずはおすすめしたいと思います。

鉄則6　インテリアに合わせて作品を選ばない

コレクションを始めた最初の時期は、作品を飾る場所を起点に作品を探すことが多いものです。リビングに飾る作品を探したいとか、玄関に似合うものといった具合です。

ところが、その観点で作品をコレクションするとかなり早い段階で壁がいっぱいになってしまい、飾る場所がなくなってしまいます。

しかし、多くの有名なコレクターはそんなことはお構いなしにどんどん作品を買っているのが事実です。

これはなにを意味しているのでしょうか？

つまりよいコレクションをしているコレクターは「なにを所有するかということが重要であって、どこに飾るかということを考えない」人が圧倒的に多いのです。

なぜかというと、例えばインテリアに合わせることを条件に作品を選ぶと大きなサイズの作品が買えなくなってしまいます。

また、選ぶ作品のジャンルも制限されてしまうのです。

インテリアに合わせるという考えはコレクションの幅を抑制し、よい作品蒐集にはつながらないことをコレクターは知っているのです。

とは言うものの、作品を箱に入れたままにしておくのはもったいないし、できればいろんな作品を掛け替えることをおすすめしたいと思います。

作品をずっと同じ場所に置くと意外と飽きるものであり、掛け替えをすることで思っていたよりもしっくりくる作品が出てくることもあるからです。

いずれにしても、どこに掛けるかを前提として作品を選ぶのではなく、作品を買った後でどこに掛けるかを考えたほうがよいコレクションにつながると思ってよいでしょう。

鉄則7 プロの作家を選ぶ

よいコレクションを築いていくためには、プロとして活躍できる作家の作品を選ばなければなりません。その場合の前提条件として、作家自身がプロとして今後やっていく気があるのか？ というところを知る必要があります。

プロということは、アート作品を販売して生活をすると決めている人のことであって、そこがアマチュア作家との違いです。

現代アートの観点から考えると、そこで話題となってくるのが「公募団体」の作家であるかどうかということです。これについては、さまざまな意見がありますが、公募団体に所属していることが必ずしもプロではないと言っているのではありません。公募団体という組織に甘んじていると、プロとしての意識が薄らいでいく可能性があるということです。

プロの作家は自立しなければならず、公募団体の中でぬくぬくとやっていくのは難しいからです。

公募団体とはある一定の作風に基づき、その中で年に一回の展覧会を美術館で開催し、お互いの技を競う集団および組織です。そこには入選、入賞の回数などによる団体内のヒエラルキーがあり、さらに展覧会で毎年同じ作品が同じ場所に並ぶというマンネリズムが存在しています。また、団体ならではの上層部の審査員による作品の好み、傾向というものまであります。ゆえに年功序列が存在し、個性がつぶされかねないのです。

だからなのでしょうか、海外のアートフェアに出展しているようなギャラリーでは、公募団体の作家や存在そのものが黙殺されています。

それを知らずにコレクションの初心者は公募団体所属のアーティストの作品を買うことがあります。公募団体系のアーティストでも個性的な作品をつくるよいアーティストがいることは否定しませんが、プロ意識があるかどうかは疑わしいものです。

一般的に現代アートのギャラリーが公募団体系作家を扱うことはまれですが、それでもアートフェア東京などではさまざまなタイプのギャラリーが出展していますので、作品をパッと見ただけではその線引きが難しいのです。したがって、作品購入前に必ず、作家の略歴を見てどういう活動をしていたかチェックしておきましょう。

誤解がないように言っておきますが、公募団体に所属しているから悪いということでは決してありません。アーティストとして食べていくことと公募団体に所属することは関連性が薄いこのご時世において、あえて公募団体の中で切磋琢磨することに違和感を感じない作家の将来が疑わしいということです。

というのはせっかく作品として面白いものをつくっていたとしても、公募団体にいると作家の作品がセカンダリー・マーケットに出ていくことは厳しいという事実があるからです。

つまり、作品の価値を上げるためには最終的にセカンダリー・マーケットに乗せることが重要であり、その遡上に乗らない作品ばかりを購入していては資産的にはよいコレクションにはつながらないということです。

団体の性質とか団体に出品している作家が悪いといった話ではなく、単純に団体系の作品はセカンダリー・マーケットには出てこないし、評価の対象外になっているということです。

つまり、一部で人気があるインテリア・アートと同じ範疇の扱いとなり、よいコレクションをつくることとは正反対となってしまうのです。

こういう議論において、団体系の作品にもよいものが多くあるという人が必ずいるのですが、それはそれで事実だと思います。

しかし、その作家の作品をセカンダリー・マーケットに積極的に出していくコレクターやギャラリーがいないことや、評価するキュレーターがいないことを考えると資産的価値は低いと言えるでしょう。

まずはプロとしての意識をきちんともったアーティストに絞ってコレクションをすることが重要であり、それなしには価値のあるコレクションにはつながらないと思います。

第X章

アート作品の正しい買い方

Chapter 10
The Art as Culture and Investment

© 伊藤咲穂と足立篤史のインスタレーション

作家からではなくギャラリーから買うほうがよい理由

現在の社会ではアーティストがＳＮＳなどで直接プロモーションしたりすることができるようになっているので、コレクターはアーティストから直接作品を買うことが可能です。

ギャラリーを通さなければ、購入金額の全額がアーティストに払われることになるため、アーティストとしてはメリットが多いように思われます。しかし、実際にはアーティスト個人から買うよりもギャラリー経由で買った方が、購入者にとってメリットが多いのです。

メリットの1つめはアートフェアへの出展です。

アートの見本市としてのアートフェアは世界中で毎週のように開催されておりますが、出展単位はギャラリーとなっております。つまり、アートフェアにはギャラリー経由でないと出展することが不可能なのです。

たまにアーティストを公募して出展するようなギャラリーがありますが、その場合にはアートフェアとしてのランクは下がります。国際的に著名なアートフェアは出展基準が厳しく、コマーシャルギャラリーとしての実績があり、取り扱い作品のクオリティーが高くなければ出展することができません。コレクターも出展ギャラリーを信頼して作品を購入しており、その信頼があるからこそ作品としての付加価値がつくのです。

また、ギャラリー経由のメリットは、作家個人では難しいような美術館や評論家、著名コレクターとのつながりがあることです。したがって、業界内での関係性を多くもっているギャラリーは作家を押し上げていく力が強く、それは作家個人の技量だけでは難しいものです。

また、ギャラリーが作品に発行する証明書はオークション出品には有利に働きます。ギャラリーという組織の信用が作品の信頼性をつくるのです。ギャラリーが所属アーティストの作品のアーカイブを管理することで、作家は安心して制作活動に励むことができます。

もちろんギャラリーの強力なプロモーション力は作家の成長を支えることにつながります。多くの優良顧客をもつギャラリーが、個人の力を超えてその能力を何倍にも高めてくれるのです。

その一方で、単なる無料の貸しギャラリーのようなところがあるのも事実です。顧客リストが少なくプロモーション力がないばかりでなく、業界関係者へのリレーションが弱いギャラリーです。そのようなギャラリーに所属することは作家にとってはデメリットであり、逆にコミュニケーション力や自己プロデュース力のあるアーティストは自分でやったほうがよいかもしれません。

どのギャラリーで買うべきか

作品さえよければどのギャラリーで買っても同じように思うかもしれません。しかし、それはその作品の将来を考えるとそうとは言っていられません。

作家の成長を促し、その将来を決めていくのは作家と二人三脚でプロデュースするギャラリーの力によるものだからです。

では、どのようなギャラリーで買えばよいのでしょうか？

ギャラリーの空間は基本的に白壁に囲まれたホワイト・キューブが多いので、パッと入って観ただけではその差を感じることはありません。

そうすると、ギャラリーの取り扱いの全作家をじっくりと観ることでそのクオリティーを吟味することになりますが、実際にはそのようなことを一人のコレクターが行うのはかなり大変ですし、日本にある数百件のコマーシャルギャラリーを調査するわけにもいきません。

ではなにをものさしとしてギャラリーのクオリティーをチェックするかというと、それはどのアートフェアに出展しているかということとなります。

アートフェアにもランクがあり、世界最高のスイスのアートバーゼルをはじめ、ロンドンのフリーズアートフェア、ニューヨークのアーモリー・ショー、パリのフィアック（FIAC）などさまざまな国際的なアートフェアがあります。

アートフェアの主宰者側はコレクターに対して、なるべく質の高い作品を買ってもらうために出展するギャラリーを徹底的に吟味します。よいアートフェアであればあるほど、出展希望者が多くフェアの出展料も高くつきます。よいギャラリーはそれだけ高い出展料を払ってでも、売れるだけの質の高い作品をそろえていることの証左にもなるのです。

スイスのアートバーゼル、フリーズアートフェア、アーモリー・ショーには日本のギャラリーは2、3軒ほどしか出展が許されておりません。それほど厳しい基準によって選別されているのです。

その中で、アートバーゼルが初めてアジアを拠点としたアートフェアである、「アートバーゼル香港」はチェックすべきアートフェアです。

このアートフェアでは欧米の一流のギャラリーが出展するだけでなく、アジアのギャラリーも全出展数の半数となるように配分しております。そこでは日本のギャラリーにもチャンスがあり、毎年20軒近くのギャラリーが出展しています。

アートバーゼルは世界中からのセレブリティが集まるアートフェアであり、その拠点のひとつである香港にも多くの有力コレクターが来場します。日本のトップギャラリーはマーケットの小さい国内のアートフェアを目指さずに直接アートバーゼル香港を目指すようになっており、最もよい作品は日本ではなく香港に持っていきます。この事実から考えると、国内のアートフェアでの出展の内容はあまり意識せずに、海外の国際的なアートフェアをチェックするのがよいでしょう。

最近では、欧米資本による国際的なアートフェアがアジアにおいても支配的になっており、先のアートバーゼル香港をはじめ、同時期のサテライトフェアであるアートセントラルや、上海のART021、ウェスト・バンド・アート&デザイン（West Bund Art & Design）、新しく開催される台湾のタイペイダンダイ（Taipei Dangdai）、シンガポールのART SGなどに勢いがあります。

残念ながらアートフェア東京は、現代アートだけでなく、近代絵画、工芸、古美術などがごちゃ混ぜで出展できるアートフェアであるため、ここに出展できるかということが、よいギャラリーであることの指標とは今のところなっておりません。

長期的な運用でしか利益は出ない

アート作品は短期で売買するものではありません。株式であれば、うまくいけば今日買ったものを明日売って儲かることもあるでしょう。しかし、アート作品は買った翌日に売るとほとんどの場合は損失が出ることになります。逆に長期的な視点で投資をすると一般的には株式よりも運用益は大きくなります。

アートは株式などに比べて売買手数料が高いことと、取引は毎日行われるのではなく、オークションハウスによる入札やギャラリーでの展示販売に依存するからです。また、作品の価格は世間の評価が反映されたものとは言えず、一部の熱狂的なコレクターによって形成されることもあります。

データよりも風評などのイメージがマーケットを決める指針となりやすいため、取り扱いギャラリーは自社や作家のブランディングに力を入れることになります。そのため、ギャラリーは自社が取り扱うアーティストが不当に安く転売されることに対しては細心の注意をするようになります。

価格が安くなるというのは、アーティストのブランドが傷つくだけでなく、販売した顧客に損をさせてしまうことにつながります。

例えば、プライマリーで販売されている作品がまだオークションハウスで取り扱われていない場合は、その作品がオークション以外のセカンダリー・マーケットで売買される場はかなり厳しくなります。ヤフオクやメルカリなどで転売される場合には、かなり価格を落とした形でしか売買に至りません。そうなると、作家および作品の価値は棄損されてしまうので、ギャラリーはオークションに出品されるようになるまでは他のセカンダリー市場で安く売られないよう作品の転売に気をつけなければなりません。

したがって、プライマリー作品を短期で転売する購入者であることが分かると、ギャラリーからブラックリスト入りされることもありますので気をつけたほうがよいでしょう。

買ってから最低5年は待つ覚悟を

アート作品は買ってから少なくとも5～10年は作家の価値が上がるまで売ることを待ちましょう。もしその間に、作品がオークションハウスで取引されることがなくても焦ることはありません。

待っても価格が上がりそうにないなら、それまで通り自宅で楽しめばよいのです。

株式などの金融商品は買った後にそれを楽しむことはできません。しかし、アートはあくまで美術品ですから観て鑑賞することができますし、その価値は機械や建物ように古くなって償却されることもないのです。

アートの作品価格が上がるまで待てない人は、コレクターにはなるのは向いていないかもしれません。短期で売買益を出したいのであれば、著名作家の完売必至のグッズを買い求め、その後でそれを高値で売ればよいでしょう。

しかし、そういった売買差益のみを狙ったコレクションを続けても、価値の高いアートを目利きする力がつくことはないと思われます。価値の高くなるアートを買うには、それなりの教養が必要だからです。

それには、成功する投資家のように幅広い知識をもち、将来的に伸びると判断すれば大胆に買う先見性が重要となります。

10年、15年後の将来を予想しながら、アートを買うこと。

それは自分自身の将来に投影することでもあります。これからの美術の歴史の一部となりうる作家を見極め、その中でもっともよい作品を買って長年待つことです。それがアートのマーケットをつくる一助となり、さらにはアーティストの支援にもつながるのです。

じっくりと腰を据えてよいアートを買いましょう。

それにはなるべく多くの作品を見て目を慣らしていくことが、時間がかかるようで本当は近道になるのかもしれません。

第

XI

章

楽しみながらアートを買おう

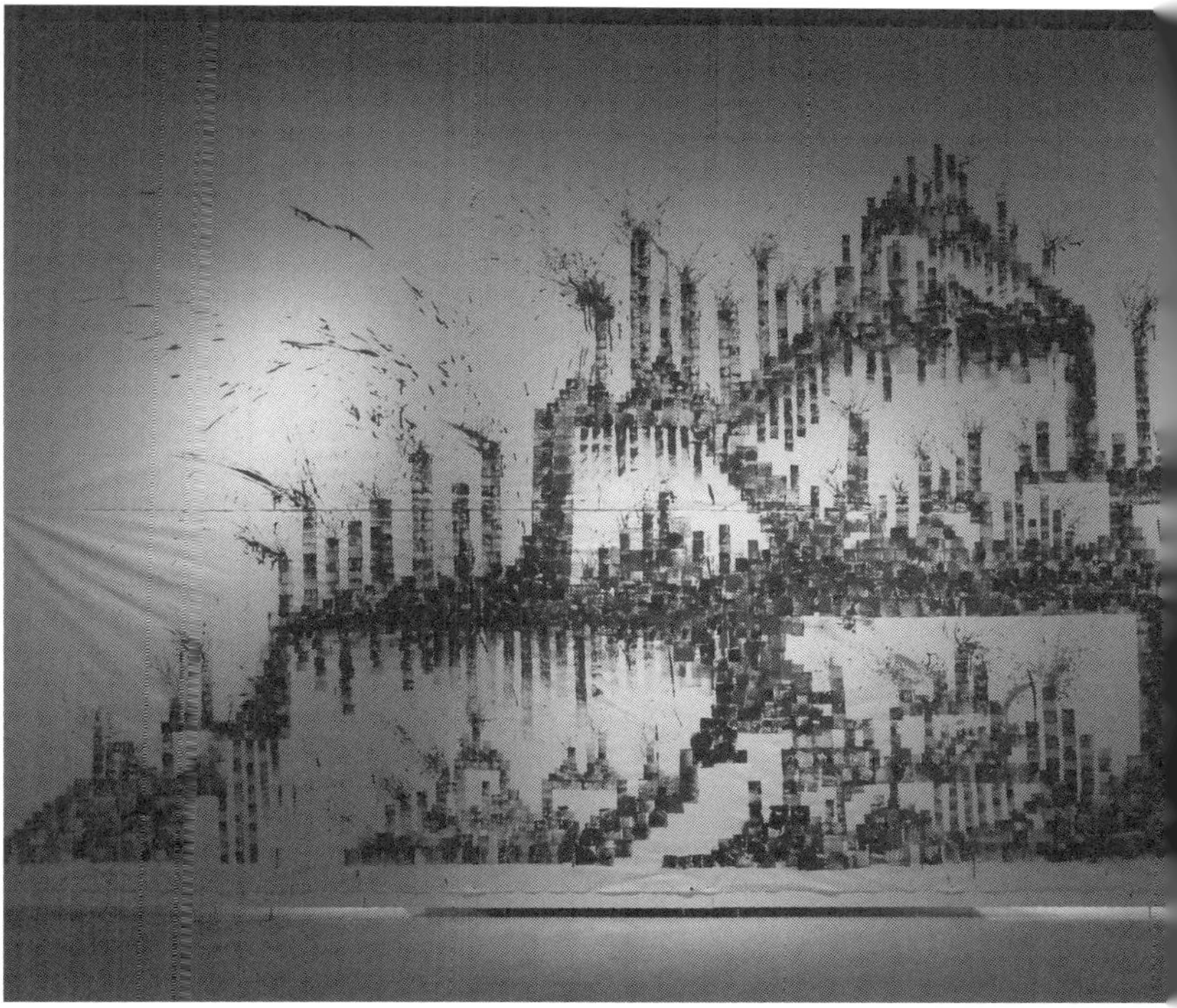

© 石井七歩

コレクター仲間をつくる

アートを買う際は、個人の判断で行うことが多いでしょう。

本人の嗜好が反映される商品なので、友達とああだこうだと言いながら買うものではないし、アートに費やされる予算も、人によって千差万別だと思います。

購入したアート作品を人に見せたいとは思いますが、定期的に自宅でパーティーを開催するのは面倒ですし、そもそも日本にはそのような習慣がありません。

また、アートを買うというのは一般的には贅沢な行為でもあるので、それを自慢しているようにも思われるのが嫌で、積極的にアートを他人に見せる人は多くないのが現実です。

したがって、アートをコレクションするのが個人的な趣味として固まってしまい、自身の密かな楽しみでしかなくなってしまいます。

しかし、ここは視点を変えて、コレクションが社会性をもつものへと変えていきたいところです。

コレクター同士の交流の場として、「ワンピース倶楽部」という年に1点以上アートを購入するアートコレクターの団体があります。

東京では毎月定例会と称して、ギャラリストやアーティストに登壇してもらう勉強会を開催するほか、ギャラリーツアーなども時折開催しており、アートファンでかつアートの購入にも興味をもつ人であれば、定例会に参加してみるのもよいでしょう。

月例会は会員以外も参加が可能ですし、どのような雰囲気かを知るために、様子見で参加してみるのもおすすめです。

ワンピース倶楽部は東京だけでなく、関西、名古屋、札幌、九州、金沢など各地に支部があるので、地方の方で興味があればアートの交流も可能です（http://onepiececlub.sakura.ne.jp）。

ワンピース倶楽部代表の石鍋博子さんは会員が年に1点（ワンピース）買うという草の根活動を行うことで日本のアート・マーケットを拡大させることを理念として行っています。コレクター同士の横のつながりをもつことでそれぞれのコミュニケーションをはかることにもつながっています。

また、ワンピース倶楽部の最も大きな特徴は年に1回開催されるワンピース倶楽部展「はじめてかもしれない」です。この展覧会は会員が1年で作品を購入したことを証明することと、その作品をギャラリー空間の中で展示することを目的としています。展覧会で展示される作品はすでに購入済み作品であるゆえ、すべてに赤丸の「SOLD OUT」の表示がされています。購入された作品のアーティストも展覧会に参加して、会員に買ってもらったことを誇りにすることができます。

このようなコレクターがコミュニケーションする場は存在し、アートをコレクションすることを自分だけのものにするだけでなく、他者と気持ちを共有することができます。

あくまで、購入した作品自慢にならないように、展示作品には誰が買ったかは分からないようにしてあります。

アートの購入は個々人の懐事情が分かるのでセンシティブなものでもありますが、自分だけのものにしておくのはもったいないものなのです。

買ったアートは見せたほうがよい

せっかく買った作品はその後も多くの人に見てもらうことは重要です。なぜならアート作品は見てもらうことによって価値が上がるからです。

アート作品は見てもらえることで多くの人の記憶に残りそれが価値を生むことの例を見てみましょう。みなさんがご存じのピカソの大作『ゲルニカ』についてのお話です。

第二次世界大戦の初期に、ピカソはスペインの内乱によるドイツ軍のゲルニカ空爆を描くことでフランコ将軍とファシズムに対する非難と戦争の愚かさを表現しようとしました。これが一般的な写実絵画であれば、それほど強烈な印象を残すこともなかったでしょう。当時一世を風靡したキュビズムで表現されたことが重要だったのです。

新しい表現方法と強いメッセージが重なることで圧倒的なインパクトとなったのです。

ゲルニカは最初にパリの万博会場のスペイン館で展示され、その後はアメリカに渡りニューヨーク近代美術館（MoMA）に保管され、第二次世界大戦中にアメリカ10カ所の美術館で回顧展として展示されました。

ここに大きな意味があります。

やはり、作品はなるべく多くの人の目に触れるべきであり、でなければアートを見て共感する人の数が世の中を動かすことはないからです。もしゲルニカが小さなギャラリーの展覧会で発表されたのであれば、世の中にここまで強い印象を残すこともなかったでしょう。

『ゲルニカ』によってピカソのアーティストとしての地位と名誉が盤石なものとなったことは言うまでもありません。

ギャラリー巡りで情報収集

アートに関する情報収集はある意味で時間がかかる作業です。

アートを知るにはアート作品を見まくることが重要ですが、そのためには美術館に行くだけでなく、ギャラリー巡りという方法がもっとも効率的です。

ギャラリーは一般的には日曜日と月曜日を休みにしているところが多いため、平日に仕事がある人は、ギャラリーが開いている土曜日の昼間にまとめて訪問する人が多いようです。

ただし、国内の現代アートギャラリーは東京に点在しているので、一日で効率的に回るのは至難の技です。

あらかじめアートマップなどで調べる等しないとギャラリーの場所を探すだけでも骨が折れることになります。

例えば『GUIDE』という東京の現代アートギャラリーのMAPを活用することでかなり楽になることは間違いありません。

各ギャラリーにこの『GUIDE』のMAPが必ず置いてありますし、展示企画の情報が一覧で見られるので便利です(http://www.guide-gallery.jp)。

とは言いながら、土曜日にギャラリー訪問したとしても行ける数には限りがあり、訪問が難しい場合は、好きなアーティストの展覧会初日（金曜日の夜にオープニングが多い）だけに照準を絞って、訪問するほうが効率的かもしれません。

アートを知りたいならば、美術館だけに行くのではなく、ギャラリーで新作を観るのが一番ですし、ほしい作品を買えることとの醍醐味はほかに代えることができません。

とくに展覧会初日のオープニングは、アーティストが在廊している可能性が高いので、気になるアーティストと直接話をして作品について細かく話ができます。

アートは作品というモノだけでなく、実際にアーティストと触れ合うことで作品のもつ素晴らしさを感じることのほうが多いからです。

ぜひ、オープニングに顔を出してアーティストの人となりを知ることをおすすめいたします。

芸術祭の旅で情報収集

鑑賞のために各地で開催されているビエンナーレ、トリエンナーレなどの芸術祭に行くのもアートの情報収集のためには有用です。

芸術祭は地域の公共団体が主催していることが多いため、観光とアートが一体となっていて、観光各所を探索しながらアートを楽しむことができます。

そこでは展示できるスペースが広く提供されていることが多いので、アーティストも通常のギャラリースペースでは展示できないような大型のインスタレーションなどを制作することがあります。

売れるかどうかを度外視しても面白いアートをつくりたいと考えるアーティストはこういう場所で本領を発揮しますし、販売のみを目的としない魅力ある大型作品を見ることができるのも、地方での芸術祭の楽しみ方でしょう。

そのほか、アートフェアの時期を狙って短期で観光も兼ねて海外に訪問する人も最近は増えています。

アジアであれば航空券、ホテルも含めて格安で行けますので、国内旅行感覚でより大規模なアート体験を楽しむには香港、上海、台北、シンガポールなどのアートフェアへ行くのがうってつけです。

日本のアート・マーケットでは体験できないような作品が多く見れますし、成長著しいアート・マーケットをダイナミックに感じることができる機会にもなるのでぜひともおすすめします。

アート・バーゼル香港、タイペイダンダイ、ART021、ART SGをはじめ、新しいアートフェアがどんどんできているのでその時期を狙うのがよいでしょう。

インターネットで情報収集

私が運営しているTAGBOATもアートを販売するだけでなく、アートファンに向けたさまざまな取り組みをしています。

自前のギャラリースペースで若手アーティストの展覧会を定期的に開催するだけでなく、アーティストの公募展「TAGBOAT AWARD」やブース出展型のアートフェス「Independent」などさまざまです。

とくにIndependentは日本だけでなく、台北でも開催しており、国際的なアートフェスとして機能し始めています。

さらにはコレクター向けセミナーやアーティスト向けセミナーも数多く開催しており、そこでの交流会も積極的に進めています。

最近、とくに力を入れているが「オンラインサロン」です。オンラインサロンとはインターネット上のバーチャル空間での会員制コミュニケーションサロンのことを言います。名前は「現代アート徹底研究」で、現代アートのマーケットやコレクションについて学ぶことができます。

アートについてよく分からないけど、コレクションを始めたい人、すでにコレクションを始めているが具体的にどのような作品を買えばよいか知りたい人、アーティストとして活動しているがコレクターの生の声を聴きたい人、アートをビジネスとして始めたい人たちが集い、交流し、日本に新しいアートのマーケットを生み出していく場です。

1~2カ月に1回の定例のセミナーや毎週のアートに関するレポートを配信しています。ここで、コレクターやアーティスト等のさまざまなアートファンの交流が生まれています。オンラインサロン「現代アート徹底研究」では、主に以下のようなレポートを配信することで、サロン会員と情報を共有しながらプロジェクトを進めるように楽しんでいます。

- 美術史から読み解くアートの基礎知識
- 世界（アメリカ・アジア）の地域別アート・マーケットの実際
- コレクションの指南
- アートビジネスを立ち上げる
- アートトレンドを海外事例から読み取る

・アートの価値についての解明　等

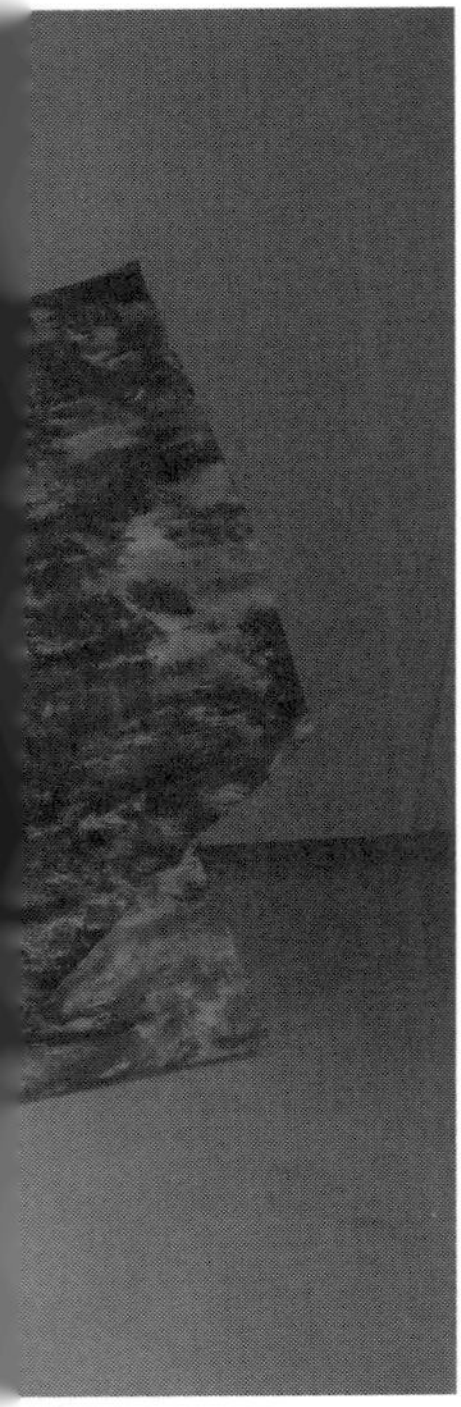

第XII章

コレクションをスタートしてみよう

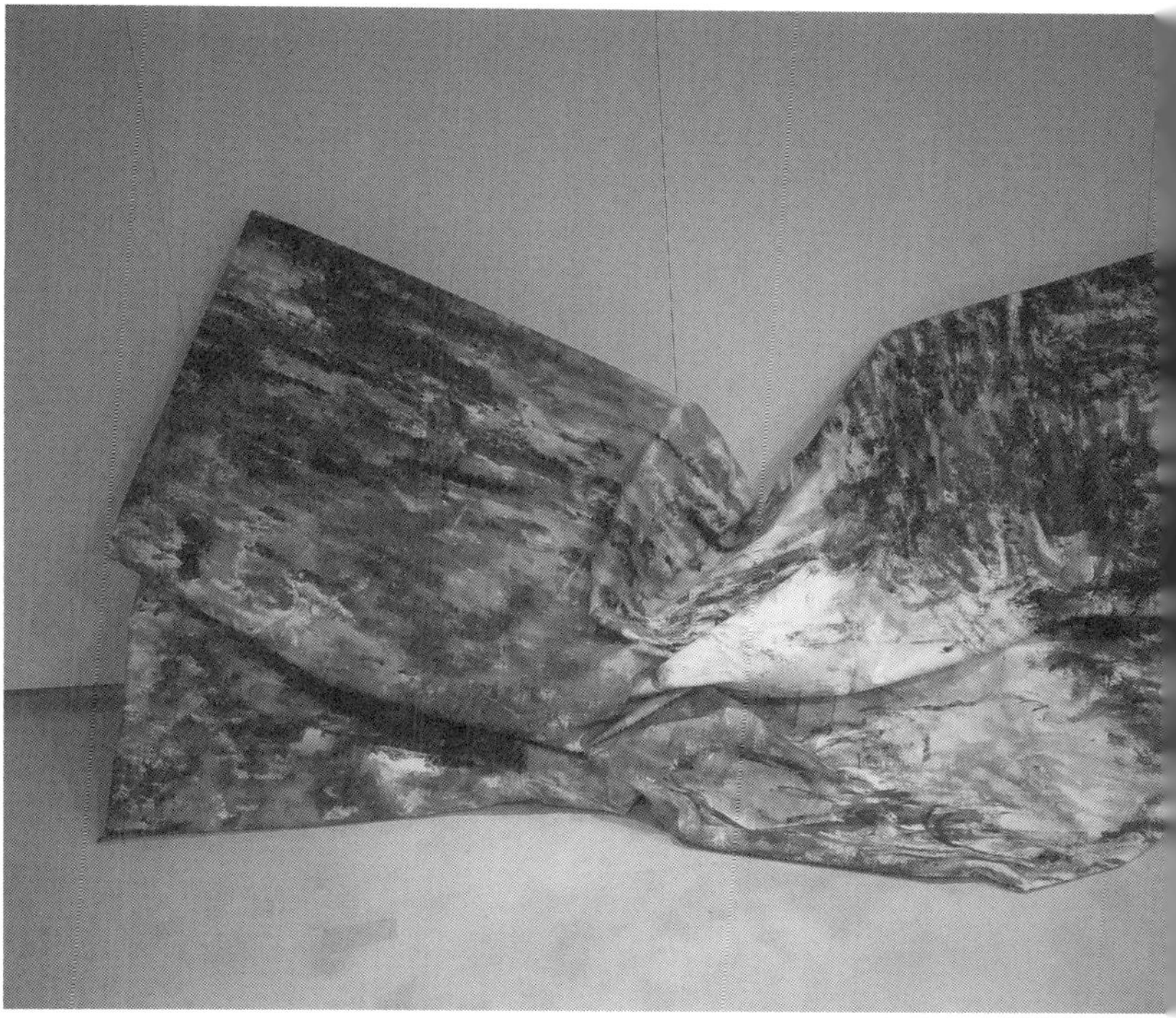

© 杉田陽平

社会貢献という意味

「投資」と「社会貢献」というと、全く別物のように感じるでしょう。通常、投資はお金儲けのためにするものであり、社会貢献は公共のために行うものなので、相反する行為のように思われます。

しかし、アートにおいては投資と社会貢献の2つを同時に満たすことが可能なのです。

まずはどのようにアートで社会貢献ができるかについて考えてみましょう。

1つめは、アートを購入することで若手アーティストを支援することにつながるということです。

アートを買うという行為が作家の生活を支えることに直接つながるため、これが文化を支える最も重要なことであり間違いなく社会貢献といえるでしょう。

ただし、これはギャラリーやアーティストから買う場合のみ社会貢献につながるのであり、オークションやセカンダリーディーラーから買う場合には当てはまりません。

ギャラリーから購入する場合には、通常アーティストに購入額の約50%が支払われますが、その作品が一旦顧客に納められた後にオークションなどのセカンダリー・マーケットで取引をされてもアーティストには一銭も入ることはないのです。

作家支援のために展示場所を提供したり、メディアで紹介したりといったことがありますが、作家にとっては作品を購入することこそが制作をするために必要な費用であり、つくり続けるモチベーションにもなるので最も効果的な社会貢献なのです。

したがって、アーティスト支援として公共団体などが行うべきことは、町おこしイベントにアーティストに参加してもらったり、公募で賞を与えることではなく、作品を購入することに尽きます。

いろんな場所でビエンナーレ、トリエンナーレが開催されていますが、それによってアーティストが潤ったという話はあまり聞いたことがなく、時間がとられた割には制作費の額が十分でないことのほうが多いのです。

戦前の話になりますが、1929年の大恐慌に際して、アメリカ合衆国政府が行ったアーティスト救済の手段として連邦美術計画というのがありました。

ルーズベルト政権の肝いりで、大恐慌で窮地に陥ったアーティストを救済するため、全国にいるアーティストを動員して各地の駅、学校、集団住宅などの公共建築に壁画や彫刻をつくってもらい、国がそれを買い取りました。

その後、この政策はヨーロッパにも拡散し、学校建築への建設予算の1%を限度とする芸術的装飾の導入を定めた法律が1951年にフランスで初めて法令化されました。

以降、欧米を中心にこの1%法案は波及しています。

アーティストへの公的支援から始まった制度ですが、建築とアートの協働によってよりよい都市空間をつくり、市民が日常的にアートに触れる機会を増やそうという理念が拡大していき、パブリック・アート（公共空間のための芸術作品）やコミッションワーク（委託制作）の普及にも影響を及ぼしています。

このように欧米ではパブリックアートやコミッションワークをつくることが法令化され、それがアーティストを直接支援することにつながっているのです。

それに比べて日本の場合は、自治体独自の文化行政の中で事業に限定して行なわれたイベントばかりなので継続性に乏しい状態です。

これからは、国内の自治体の人間がアートのもつ本質的な価値を理解すること、そのうえで文化として恒久に役立てること、それに対して十分な対価として作品を購入することが必要となってくるでしょう。

後世に残すものを保管する

さて、作品を買うというもうひとつの社会貢献として、「後世に残すべきものを保管する」という意味合いがあります。

誰も買うことなく残ってしまった作品は、遺族が保存しないのであれば廃棄されゴミと化してしまいます。

アートとは売買を通して世の中に残されていくものであり、売れなかった作品というのは価値が認められなかった作品であり、文化的な価値がないものになってしまいます。

だからこそ、よい作品は購入されてコレクターにもってもらう必要があるのです。

購入者はコレクションした作品を、作家の回顧展の時に美術館に貸与したり、本人が亡くなった後に寄贈することもあるでしょう。

つまり、アートを買うという行為は文化を保管する行為の一端を担うことにも通じるのです。

美術館やギャラリーで作品を鑑賞したり画集を買うだけでは、文化を保管したり作家を支援することにはなりませんが、購入することは積極的に社会貢献に参加していることになるのです。

購入するという経済活動がマーケットをつくり、そのマーケットがあるからこそアーティストが育つのです。

日本のアートが負のスパイラルに陥いるのを食い止めるために、アートのもつ価値として社会貢献と投資の両面があることを理解してもらわなければなりません。

理解してもらうための地道な啓蒙活動が人々の意識を変え、アーティストが生きやすい環境をつくっていくことを望むばかりです。

なにを買ったらよいか分からない人へ

「現代アートを買ってみたいけど、なにを買ったらよいか分からない」

「自分の審美眼を信じて好きな作品をいくつか買ったけど、将来的に価値が上がるかどうか自信がない」

お客様からのご相談でこのような話を受けることがよくあります。

アートの業界にいる専門家でも、理解がむずかしいアートもあります。それを短期間で学ぶことはできません。

ただし、失敗しないアートの買い方については学べるのではないか？　という発想で情報を整理してみることにします。

本来なら、さまざまなアート作品を毎年1万点以上観ないことには、アートのトレンドは見えてこないでしょう。しかし、ここではそのようなプロのコレクター向けではなく、初心者コレクター向けに限定して失敗しないアートの買い方についてご説明しましょう。

プライマリー作品の買い方

アーティストが制作した作品を最初に取り扱うことを、一次作品という意味でプライマリーと言います。

プライマリー作品は通常はギャラリーからの購入が一般的ですが、作家個人から直接購入することも含まれます。

ここでは、まだ世の中にほとんど知られていない若手のアーティストや大手ギャラリーの売れっ子作家まで玉石混交となっています。

しかしながら、売れっ子アーティストをプライマリーで買うことは実はかなりハードルが高いのです。

というのは、そもそも需要と供給が成り立っていないからなのです。

とくに、草間彌生、奈良美智、村上隆といった大御所のプライマリー作品を買うことは難易度が高いと言えます。

草間彌生は国内ではオオタファインアーツが唯一のプライマリー作品の取扱ギャラリーですが、現段階ではすぐに買える作品はほとんどありません。オオタファインアーツの草間彌生の個展がいつ開催されるかすら分かっている人は少ないでしょう。

一方、草間彌生はニューヨークのデイヴィッド・ツヴィルナーや、ロンドンのヴィクトリア・ミロ（Victoria Miro）といった一流ギャラリーも取り扱っていますが、展覧会の会期中にほぼ完売してしまいますし、作品購入の順番を待っているウェイティングリストに載ってなければいつ買えるかも分かりません。

影響力のある著名なコレクターや美術館がメインの顧客ですので、ギャラリー側も売る顧客を選ぶ余裕があり、こちらが買いたくても簡単には売ってくれない場合があるのです。

また、奈良美智については、国内ではそもそもプライマリー作品を買える場所がありません。

ニューヨークのペース・ギャラリーが全体のマネジメントを取り仕切っており、ロサンゼルスのブラム・アンド・ポー（Blum & Poe）やニューヨークのマリアン・ボエスキー・ギャラリー（Marianne Boesky Gallery）ギャラリーでも購入することが可能です。

こちらも草間彌生と状況は変わらずで、普通にギャラリーに買いに行っても売っている作品はほぼないでしょう。

村上隆も同様で、世界最大のギャラリーであるニューヨークのガゴシアン・ギャラリーや、パリにあるペロタンで展覧会の会期中にしか買えないので、ウェイティングリストの順番の中で買える可能性をひたすら祈るのみです。

つまり無名の若手アーティストはプラリマリーでいつでも買えますが、有名なアーティストの場合はなかなかハードルが高い世界なのです。

そういう状況ですから、買う順番を待てない人は一足飛びにオークションなどで著名な作家のセカンダリー作品を買うことになります。

しかし、プライマリーで売っている作品は通常オークションのセカンダリー価格より安く買えるようにギャラリー側が価格を設定していますので、順番待ちにさらに拍車がかかる仕組みとなっているのです。

ということは、プライマリーではこれから伸びるであろう若手アーティストを今のうちから安く青田買いするという楽しみ方がおすすめとなります。

しかも、若手アーティストのオープニングで真っ先に代表作を購入することがお得です。将来的にも価値が上がるのはその展覧会における代表作だからです。

では、どこのギャラリーで誰の作品を買うのが失敗しない買い方なのでしょうか？

本来ならそのような情報はこまめにギャラリーの展覧会を回ることでしか入手できないのですが、そのような時間がない忙しい方向けにとっておきの方法をお教えしましょう。

最も効率的に失敗せずにアート作品を買う方法は、アートフェアで買うことです。

アートフェアでは出展ギャラリーが最もプロモーションに力を入れているアーティストやこれから売り出していきたい旬のアート作品を展示する場合が多いからです。

アートフェアには多くのコレクターや美術関係者が来るので、ギャラリーの展覧会よりも販売のチャンスをアートフェアに賭けているギャラリーも数多くいます。

今が旬のアーティストの作品が買えるアートフェアではありますが、アートフェアも世界中で800以上開催されており、その中でどのアートフェアに行けばよいか分からない人も多いでしょう。

その規模、質とともに世界最高峰がスイスのアートバーゼルであり、それに次ぐのがロンドンのフリーズアートフェア、ニューヨークのアーモリー・ショー、マイアミのアートバーゼルマイアミといったところとなります。

次にパリのFIACやアートバーゼル香港、上海のART021といったアートフェアが続きます。

これらのアートフェアは出展できる基準は非常に厳しく、アートフェア側がギャラリーを評価した上でセレクトする立場にあります。

つまり上記のアートフェアに出展しているギャラリーから購入するのであればほぼ間違いないというお墨つきがあり、そのギャラリーがいち押しで出品する作品を買うのが一番です。

国内最大のアートフェアとして「アートフェア東京」がありますが、その国際性やギャラリーの出展基準から見ても、上述のアートフェアとは大きな格差があるのが事実です。

アートフェア東京の会期はニューヨークのアーモリー・ショーと同じ時期に被っていることから、最初から世界の富裕層を取り込む競争から外れているのです。

さて、海外の有力アートフェアとしてアジア最大がアートバーゼル香港であり、毎年3月には日本からも20ギャラリーほどが出展しています。

スイスやマイアミのアートバーゼルでは日本のギャラリーは毎回2、3の出展数しかないのに比べると、開催場所が香港ということもあり、アジアのギャラリーが出展数で優遇されていることが分かります。

ギャラリーがフェアで展示する作家が誰であるかを事前にチェックして、今後アート作品を購入する場合に目安として検討するのもよいでしょう。

もちろん上記のアートフェアだけに限らず、国内外で多くのフェアが開催されているので、そこでなるべく多くの作品を見ることで、自分の目を慣らしていくことが重要です。

将来的に高く売れそうだからという理由だけで買うのではなく、作品のコンセプトを知った上で自分が納得した好きな作品であることが第一条件です。

あくまでも個人の嗜好が最重要であり、その範囲内で作品を選ぶべきです。

そうしないと、作品が高くなったらすぐに手放してしまうようなコレクターに対しては、ギャラリー側もあまり売りたくないという心理が働くことを知っておきましょう。

セカンダリー作品の買い方

セカンダリー作品とは、一度購入者の手に渡った後に二次販売される作品のことを言い、一般的には新品に対して中古品販売として分別されます。

ただし、アートの場合は中古とはいってもコンディションに問題がなければ価値が下がるものではないためセカンダリーで多くの作品が取引されます。

価値が下がるどころか、プライマリーの時には制作において供給量が制限されるので、買い手が多いアーティストの作品は価値が上がるものが多いのです。

したがって、人気のあるアーティストについてはプライマリーよりも圧倒的にセカンダリーのほうが作品数が出回ることになり、どうしてもそのアーティストの作品がほしい場合にはセカンダリーを購入するのが最も手っ取り早い方法となります。

さて、セカンダリー作品を買う中でも最も一般的なのがオークションです。

ほかにもさまざまなセカンダリーを購入する方法がありますが、オークションという方法は売りたい人にとって人気作品であれば最も高く売れる方法であり、買いたい立場からすると人気がない作品であれば最も安く買うことができる便利なシステムです。

したがって、人気のある作品をどうしてもほしいのでお金に糸目をつけないという人はオークションで買うのがベストです。

オークションの価格というのは競っている人の心理状況に基づいて落札価格が決定されるものであり、それが必ずしもその作品の価値とは限らないということがあります。どうしてもその作品がほしいという人が複数いれば、予想を大きく超える高値がつくこともあるからです。

落札したいと思っている本人にとっては、相場より圧倒的な高値であっても、所有すること自体に意味があるのでどんなにお金を使っても問題ないと考えている場合が多いようです。

そういった天井知らずのお金持ちの心理もオークションの価格を構成している一部なのですが、一般的には相場に基づいて適正な価格で作品を所有したいと考えている人が大多数であり、わたしたちはそこにフォーカスしたいと思います。

オークションハウス、とくにクリスティーズ、サザビーズといった大手のカタログに掲載されるには、同社の専門家集団による厳しい審査があり、美術館での展示歴、評論家のレビュー、さらには作品が所蔵されている履歴についても徹底的に調べられた上で作品が選定されるため、購入サイドからすれば当たり外れが少ないと言えるでしょう。

まず買っておいて間違いないような有名アーティストが選ばれますし、イブニングセールでは基本的に10万ドル以上の作品がずらりと並びます。

昼間のデイセールでも1万ドル以上が基本であり、たまに若手アーティストが出てくることもあります。

ここは株式市場でいうところの上場株がやりとりされるような場所であり、ちょっとやそっとじゃ暴落しなさそうな銘柄が選ばれており、すでに価値が定まっている有名アーティストの場合はリスクが少ないですが大幅な値上がりを期待しにくいものです。

セカンダリーのマーケットというものはオークションに参加する顧客の心理と、出品されるアーティストの権威によって落札額が決まります。

ということは、セカンダリー・マーケットに出る前のリーズナブルな価格のうちに、ギャラリーから買うほうが圧倒的にお得であるということです。

すでにオークションで取り扱いがされているアーティストの作品については、ギャラリーで買いたくてもリストの順番待ちになるでしょうし簡単に買うことはできません。

最近になってようやくオークションに出始めたようなアーティストでもギャラリーでの購入は競争状態になっていくでしょう。

そういう意味でもプライマリーとセカンダリーのそれぞれで作品を買うという「ミックス型」の購入を奨励したいと思います。

というのも、アートのマーケットを知るには、プライマリーとセカンダリーの両方を学ぶ必要があるからです。

プライマリーとセカンダリーとはそれぞれの両輪がうまくかみ合わさって連結することでマーケットを大きく動かす原動力となっています。

例えば顕著な例として、ラッセンのようなアート作品はプライマリーで爆発的に売れたにもかかわらず、アーティストとしての権威をつくることができずに、セカンダリー・マーケットにはヤフオクなどでしか売る場所がないため、購入後すぐに価格が20分の1以下に暴落しています。

プライマリーとセカンダリーの片方だけ販売が伸びても、一方がだめならマーケットとして正常に成長することにストップがかかるからです。

逆に、中国では若手の中国人アーティストの作品をプライマリーを通さずにそのままセカンダリーでオークションをする場合があります。

そうすると、まだキャリアの少ない作家にも高い落札額がついて、プライマリー価格もそれに合わせて高くする必要が出てきます。

これも同じようにマーケットが健全に動いているとは言いにくいです。

まずはギャラリーで若くて将来性の高いアーティストを買い、そのアーティストが高くなったらセカンダリー・マーケットで売り、そこでの利益でまた新たに若手を買うという、現代のわらしべ長者的な買い方が理想的ではないでしょうか。

最も失敗しない買い方としては、コレクションを始めた最初の段階では価値が下がることが少ないセカンダリー作品を買いながら着実な運用を行うことです。

セカンダリー作品の運用は短期では難しいため、長期にわたって作品を保有しながらマーケットの状況を理解していくのです。

そしてある程度の期間を経て、作品の価格が上がってきたころでセカンダリー・マーケットに作品を売却し、それまでに得た知見をもとにプライマリーの若手作品にチャレンジするということです。

プライマリーの若手作家を買うということは、スタートアップ起業に投資することによく似ています。

プライマリーはセカンダリーの作品よりも選択肢が多いので、成功確率はややむずかしいですが、まだ安い時に将来性のある作品を買うという楽しみがあります。

セカンダリーに出品されている作家を注意深く観察することによって、どのようなアーティストが将来的にプライマリーからセカンダリーに出てくるのかを掴むことができるかもしれません。

プライマリーとセカンダリーは密接に結びついてるからこそ、両方のマーケットを理解して買う人が失敗する確率を減らすことができるのです。

さて、どの若手アーティストを買えばよいかについてのアドバイスは、ギャラリストやコレクターではなくて、最初は若手のアーティストたちに直接聞くのも失敗しないひとつの手です。

ギャラリストは自身のギャラリーで売っているアーティストだけをすすめてくるでしょうし、コレクターもそれぞれ趣味が偏っていて自分の好きな作品とは異なって参考にならない場合もあります。

アーティスト側がすすめるアーティストはトレンドの先を走っている将来性の高いアーティストが多く、自分の利益に関係なく実際につくっている本人たちが認めているアーティストということで、第三者的な評価として一定の信頼に足る情報だと考えられます。

このように現場の作品を観て、実際のアーティストの意見なども収集しながら、どのアーティストを買うかを決めることをおすすめしたいと思います。

独善的に自分の好き嫌いだけで作品選びをすることは長期的な投資の視点では失敗の確率が高い

と言えるでしょう。

アート作品販売のウェブサイトを見るだけでも最近の売れ筋作品のトレンドが分かりますし、ひとつの目安にもなるでしょう。

プライマリーではアーツィー(Artsy)のような海外のサイトにはどこのギャラリーでどのアーティストがいくらで売っているかを把握し、セカンダリーではアートネット(Artnet)のように有料で過去のオークションの履歴が分かったりするサイトもありますので、まずはそういったネット情報も駆使しながら購入を判断することも失敗しないアート作品の買い方のひとつです。

もちろん、私の運営するTAGBOATもアジアでは最大級の現代アートのオンラインギャラリーで、約2万点の作品を取り扱っておりますので、そちらをチェックするのも賢いやり方です。

進化するアートコレクター

普段はあまり気がつかないことですが、実はコレクターは日々進化しています。

コレクターがアートを見る目をどんどん養っていけば、これまでよりも斬新な作品、いまだ見たことのない作品を嗜好するように変化していくでしょう。

同時に、若い世代のコレクターの数が増えてくれれば、それだけ新しい感覚の作品が求められるようになっていきます。

最近は、サラリーマンコレクターだけでなく、30〜40代のスタートアップで成功した若手起業家のコレクター層がじわじわと増えてきています。

まだまだこの若い起業家は日本のアート・マーケットでは目立っておらず、表舞台からは見えづらいですが、着実にその層は育ってきています。

彼らは従来のアートには飽き足らず、海外のアートフェアへ果敢に出かけて現地の情報を収集しながら、新しいアートを物色しています。

そうなると、アーティストもそのようなコレクターの変化に応じて、自らを変えていかなければならないということになります。

アーティスト自身が変化することでさらに新しいファンを獲得できるチャンスでもありますし、逆にアーティスト自身が変わることができなければ、ファンの獲得どころかこれまでのファンをも失なう危険性もあるのです。

状況の変化を感じ取りながら、同時に作品もつくっていかないと、自分の好きなものだけをずっとつくっているアーティストは、時代遅れになりかねません。

もちろん、それはギャラリーなどの業者も同じであり、世の中の進んでいく方向性やコレクターの嗜好の変化を見定めた上で、その変化とともに自らを変えていかなければアート・マーケットから取り残されることになります。

時代や文化を牽引するのがアートの役目であるにもかかわらず、アーティストやギャラリーが一歩も二歩も後を歩いているようでは将来はおぼつかないでしょう。

さて、マルセル・デュシャンが世の中に登場して以降はアートを評価する基準は、美的志向からコンセプト志向へと明らかに変わってきました。

そういう時代において、いまだ工芸的な技巧にこだわっていたり、美人画をメインとしているアーティストやギャラリーがあるのですが、そこに斬新なコンセプトがなければ、なんの評価にも値しないのが、現在のアートの考え方となっています。

とはいえ、伝統的なギャラリーはコンセプトの重要性を自覚にしているにもかかわらず、相も変わらず工芸的作品や写実的な女性像作品を売ってしまってる場合が多いものです。

顧客が望んでいる限り、売るのは当たり前だと言わんばかりに、すでに時代遅れとなった作品を売り続けるギャラリーがあるのは事実ですが、彼らを否定するつもりはありません。

一方で現代的なギャラリーは、時代の変化を先取りするために、若いアーティストのもつ新しい作品を紹介するだけにとどまらず、これまで現代アートの本流にいなかった優れたアーティストを紹介することで時代の変革に寄与しています。

デザインやイラストレーション、ファッション、コマーシャルフォトなどをメインとして活躍しているクリエイターを現代アートの文脈にもってくるのは、若手に限らず、大御所のクリエイターでも、現代アートのアーティストとしてプロデュースすることで時代の流れをつくっていくことも可能なのです。

現代アートの文脈で十分説明が可能であるならば、これまでメインストリームにいなかったアーティストが元来もっている作品の潜在的な力を顕在化させることもできるのです。

このように、新たな変化をつくっていくためには、アーティストだけでなく、プロデュースするギャラリーや購入するコレクターも関与することが必要なのは言うまでもありません。

10万円の作品から購入してみよう

アート作品をコレクションしてみたいと思っている人は10万円くらいの作品を買うことからチャレンジしてみましょう。

なぜ10万円という数字になるかというとそこには理由があるのです。

まず、数千円というのはアート作品と呼ぶことはできません。路上とかで売っていますが、グッズのような取り扱いです。

アート作品は価格がリーズナブルなものであれば、1万円くらいからでも購入が可能です。美大を出たばかりのアーティストのドローイングや版画であればそのくらいの価格からでも買えるからです。また、3～5万円くらいで若手作家の小品のペインティング作品を買うこともできます。

予算にもよるのですが、できればアーティストの代表作を買うことがその作家を知る意味でも最も効果的です。というのは、代表作となる作品は将来的にもセカンダリー・マーケットに出た時に価値が上がりやすいものだからです。

逆に10万円以上の作品でないと今後の値上がりもさほど期待できない作品ということとなります。作品価値の分岐点が10万円くらいだということです。もちろん予算が十分にあれば、20～30万円といったやや大きめのサイズの作品を買うのもよいでしょう。

10万円という予算でまずは買ってみることで、作品を選ぶ見識眼が養われます。それ以下だと安物買いに走ってしまう恐れがあるので、あくまで10万円は出すという意気込みがないと、よいアート作品を買うこととつながりません。

予算が決まればその中で最もよいアート作品を買いたいと思うでしょう。アートは気に入った時に買わなければ、すぐにほかの人に買われてしまうものなので、これだと思ったらすぐに買うことを決めなければ手遅れとなってしまいます。

事前に作家について入念に調べておき、これだと思ったら電光石火のように買うのが賢い買い方です。

ギャラリーによっては一定期間の中で取り置きをしてくれるところもありますので、どうしても決めきれない時は相談すればよいでしょう。

正しく買えば、価値は10倍になる

アート作品は、正しく買うことができれば長期的には株式よりもずっと投資面での運用益が高いものです。ただしそれは正しく買うことが重要であり、正しいものを買わなければ買ったと同時に価値が下がってしまいます。

これから先、世の中に流通するアート作品の絶対量は増えていくばかりです。よいアート作品を選ぶことのできる見識眼を学ぶことで、失敗しないアート投資をしてください。

アート作品はオークションハウスのカタログに掲載されれば、その価格が購入時よりかなり高くなる可能性があります。

売れっ子のアーティストはオークションハウスに出る前のギャラリー販売の段階でも、5倍くらいにはなることもありますので、まだ初期の安い時に買うほうがよいでしょう。

第 XIII 章

ネットでアートを買うということ

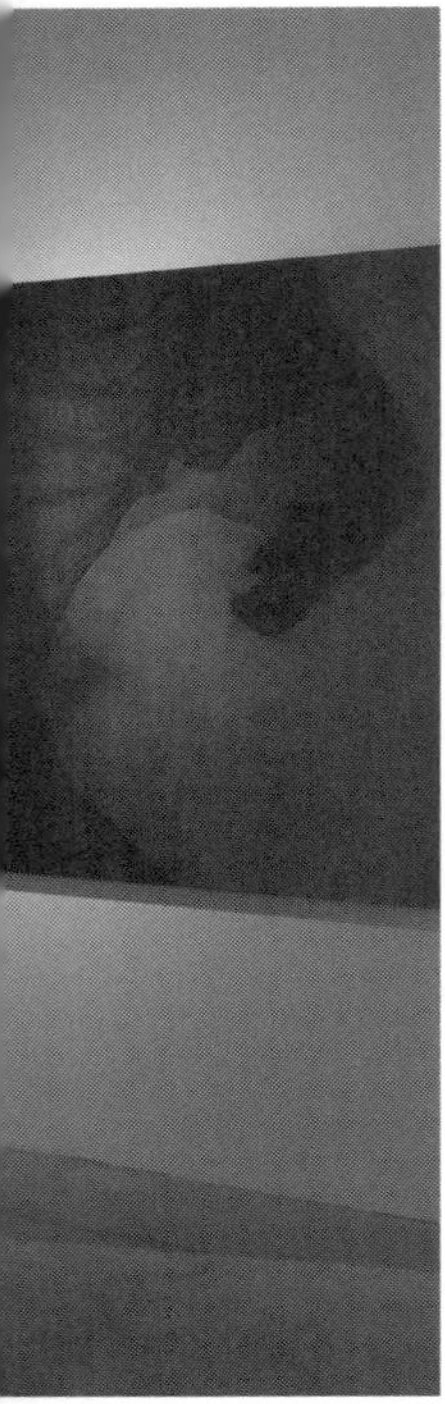

© 渡邊光

ネット販売の進化

現在、わたしたちは常時インターネットにつながっている世界で生活をしています。もはや、アマゾンや楽天でのネット購入は当たり前のこととなってしまい、世の中でネットで買えないものがほとんどないところまで来ています。

同時に、アートの流通もネットで購入することが欧米、とくに米国では一般的になりつつあります。すでに2013年からアマゾンの米国サイトにはアマゾン・ファイン・アート（Amazon Fine Art）があり、米国のギャラリーからアート作品を仕入れて10万点近くを掲載・販売しています。

その他、米国のネット販売としての大手アートスペース（Artspace）も、アマゾンと同様にワンクリックでアートを買うことができますし、イギリスのサーチ・ギャラリー（Saatchi gallery）が運営しているサーチ・アート（Saatchi Art）というサイトでは数十万人のアーティストが登録して作品を販売するマーケットプレースが存在します。

上記のようなワンクリックでアートを買う方式だけではなく、多くのギャラリーが登録して販売作品を掲載するアートのプラットフォームも数多くあります。

もっとも有名なのは老舗のアートネットであり、世界中のオークションハウスの入札結果が有料で閲覧できる他、8000軒を超えるギャラリーが販売作品を登録しています。最近では2011年に設立されたスタートアップ企業のアーツィーが急成長しています。

アーツィー設立当時はツイッター創業者のジャック・ドーシー、ペイパル（Paypal）創業者のピーター・ティールといった著名な投資家のほか、元グーグルCEOのエリック・シュミットや世界最大のギャラリー、ガゴシアンのオーナーであるラリー・ガゴシアンが出資したことで話題を呼びました。

現在アーツィーは世界中で開催されるアートフェアの出展ギャラリーの作品をもれなく紹介するなどの積極的な経営で、登録しているギャラリーは大手を含めて数多く、掲載された作品に対する問い合わせに即座に対応できる仕組みができています。

しかし、上記のようなアートネットやアーツィーのような大手のプラットフォームは直接ワンクリックで作品購入までできるかというとそうでない場合がまだ多いようです。

あくまでギャラリーに価格を問い合わせするワンクッションが必要であり、オートマチックかつスムーズに購入までたどり着くことが容易ではないのが現状です。

ワンクリックでアートを買うことについては、欧米のギャラリーといえども、自社のウェブサイトで作品販売していることはまだ少ないようです。

では、なぜ欧米のようにネット販売が広く利用されていても、アートについては直接のワンクリック販売をためらうのかについて考えてみたいと思います。

まず予想されるのが左記のような問題点です。

1）販売価格をウェブで表記することへのリスク
2）ウェブだと売れている売れていないがすぐに分かってしまう
3）アーティストが実物を見てもらうことにこだわってネット販売に積極的でない
4）特定の顧客を選んで販売したいがネットではそれができない
5）売れっ子アーティストの作品は常に品薄でウェイティングの状況なのでそもそもネットで売る必要がない

このような理由により積極的にネットでアートを売る必要がないとして、リアルでの売買を主戦場としているギャラリーがほとんどです。

そういったギャラリーは自社サイトのネットで紹介する情報は必要最低限までとしている場合が多く、それ以上の情報を知りたい場合には、なるべくギャラリーに来てもらい、顧客にフェイス・トゥ・フェイスで作品を売りたいようです。

ギャラリーは、そもそも高額な作品を扱っているので、リアルの顧客接点を重視しており、直接のコミュニケーションによってその後も継続して買ってもらう仕掛けをつくっているのです。

ネット利用に積極的でないギャラリーは、販売単価が数百万円~数千万円といった高価なアートを取扱っている場合が多く、あえて敷居を高めにして顧客を選別し、一見では買えないような雰囲気をつくっている場合が多いようです。

というのは、高額な作品は誰に売ったかによって、その後のオークションでの来歴にかかわってくるからです。

またネット販売においてギャラリー側が最も気にすることは価格が世界中に公表されることです。

実際には重要顧客には割引価格で売ったり、国内外では価格の差があるため公表できないことがギャラリーにとってリスクとなるようです。

以上、さまざまな理由があるとは思いますが、インターネットはリアルを代替するものではなく、あくまでリアル販売を補完するための機能として利用したほうがよいのは言うまでもありません。

従来のリアルでの作品販売だけに固執するのは現実的には限界に来ていますし、うまくネットを活用しているギャラリーとは大きな差が開いております。

アートスペースやアマゾン・ファイン・アートなどのように、ワンクリックでアートを買う人が増えているという現実をシビアに見たほうがよいでしょうし、ネットによる拡散の力が以前より格段に強くなっていることに気がつかなければなりません。

現在のようにインターネットが生活の隅々まで浸透している世界では、作品を見せることも、現実とバーチャルとの組み合わせで成り立っています。

つまり実際に見てもらうのとネットで見ることの両方を含めて、アートファンに作品を見てもらう時間帯を増やさなければ売上にはつながらなくなっています。

すでにアメリカや中国においてはインターネット上でのアートのシェア争いが熾烈になりつつあるのです。

世界トップのギャラリーであるガゴシアン・ギャラリーも現在では当たり前のように店内での展示作品をオンライン上で販売する方向へと手を伸ばし始めています。

実店舗をもつギャラリーがオンライン販売をし始めるのは従来からの流れではありますが、現在はアマゾンのようにオンラインをメインとしていた会社が実店舗をもつことでマルチチャンネルの対応ができるようになっています。これは実店舗をメインとしている側から見ると脅威です。

顧客との接点を拡充することで、いつでもどこでも使えて、オンラインだけではできないような実体験をリアル店舗で行う「場」を提供していくことが、今後重要となることは間違いないでしょう。

アーティストのプロモーションも今後ネットが中心になっていくと予想されます。

リアルの展示を見せる行為はあくまで起爆剤であり、動画やVRなどのバーチャルな体験を通じてアートを購入する層が増えていくことを予測しながら、アートのネット販売の未来を構想していくことが今後は重要です。

ネットで上手にアートを買う方法

ここから先はネットでアートを買うことに慣れていない人や、ネットで買うことに少しためらいがある人向けの内容となっています。

初めてネットでアートを買ってみたいと思っている人は、ぜひ参考にしていただきたいと思います。

まずは、なぜネットでアートを買うかについて考えてみると、以下の3点が主な理由であると思われます。

1）ネットは圧倒的に作品数が多い
2）実物を見に行く時間がない
3）ギャラリーは入りづらいし、価格が表に出ていないことがある

たまたま出会ったアートにひとめぼれしてしまうという場合があります。ひとめぼれも悪くはないのですが、その作品が必ずしも対外的な評価も含めてよいアートかどうかは分かりません。さまざまなアートを知った上で買ったほうが間違いないものを選ぶことができる可能性が高いでしょう。

つまり、情報が少ないまま買うのは作品の評価を見定める前に買うことなので危険です。

そういった意味でも、ネットにある十分な量の作品から選んで買うという行為は非常に賢い購入方法だといえるでしょう。

さらに、時間や地理的な制約がある人にとってはネットで買うほうが断然効率的です。

とは言っても、アートはほしい作品をタイミングよく買うことが鉄則です。買う時期を逸してし

まうと、次に出てきた時にはすでに高くなってしまうことがよくあるのです。

しかし、短時間の判断で買うには経験と知識が必要です。さらには、アートをネットで買うと言っても、作品がほしいと明確に決まっていない段階では、選択肢が多いことで逆にどのように選んでよいのか分からなくなってしまうこともありえます。

そのような人に、効率的なネットでの買い方をお教えしましょう。

効率の悪いアートの選び方の典型的な例は、とにかく先に膨大な量の作品を見てしまうということです。

あまりにネットで多くの作品を見ると頭の中が混乱状態となります。なにが好きな作品なのか分からなくなることもありますし、好きな作品を見つけるまでに時間ばかりかかってしまいます。

いろいろと迷った挙句、せっかく決めた作品の金額に折り合いがつかなければ、また最初から探すことを始めなければならず、まったくもって効率的ではありません。

つまり、効率的ではないアートの選び方とは「作品→作家→予算」の順番で見ていくことです。

これとは逆に、最も効率的なのは「予算→作家→作品」の順番で見ていくこととなります。とにもかくにも、まずは予算を決めることでアートを探すのが格段に速くなります。

その理由は、購入予算によって買える作家がある程度決まってくるからです。

作家によってサイズごとの価格帯というのが決まっていますので、予算内では買えない作家というのが確実に存在します。

現在、草間彌生はシルクスクリーンであれば100万円以上するので、それ以下の予算しかない場合はそもそも買うことができません。

例えば、オリジナル絵画で30万円の予算となれば、それに応じた作家の候補が数十人用意されることとなります。

その予算に該当する中で作家がどんな人かを調べるということが重要です。

どんな作家なのかを分からずに作品を買うのは、どんな経営者であるかを知らずに会社の株を購入するようなもので、非常に危険です。

候補となった作家のプロフィールや考え方、制作に対する思いなどを知ることが大事で、そこが出発点となります。

そうしないとその作家に愛着がわかないので、長年かけて応援することなく、すぐに飽きたら転売することにもつながりかねません。

本来ならその作家に直接会うのがベストなのですが、そうもいかない場合にはネットに書かれてある作家情報をつぶさに読みこんでいくしかないのです。作家情報が詳しく分からない場合は買わないほうが無難でしょう。

さて、作家がある程度絞り込まれたところで、やっと具体的に作品の選定となります。ここまで来ると、ある程度絞られた段階で作品を見ることになるので、かなり時間的な効率も高いでしょう。

予算の範囲内で自身が気に入った作家からすでに選んでいるので、再度振り返ることもないのです。

その時に気に入った作品がなくても、今後は、その気に入った作家の中で新作が出てくるのをチェックすればよいだけなので、かなり楽になるのは間違いありません。

ほかには、ネットでほしい作品を探してもらうのを依頼するということも可能です。

そうすれば、自分自身で探さなくても、ウェブサイトの運営者側からおすすめの作品を教えてもらうこともできるのです。

ここで重要なのは、「モダンな」とか「モノトーン調で」等のキーワードを元に作家、作品を選ぶのはかなり難しいということです。

私が経営するTAGBOATでもさまざまなお客様から作品探しを依頼されることがあるのですが、このようなキーワードで探してもなかなかほしい作品にたどり着かず、結局選ばれた作品が当初のキーワードとは全然違うものになるというのはよくある話です。

ほしい作品のイメージを言葉で伝えることが難しいのは、そもそもほしい作品がビジュアルとしてイメージできていないからです。

分かりやすい方法としては、自分の好きなタイプの作家を言ってもらって、そこから似たタイプの作家を選びだすことがあります。

好きなタイプの作家は、実際は買えないような巨匠でもかまいません。やはり好みの作家というのはある程度カテゴライズされやすく、人間の嗜好性は似てくるものだからです。

したがって、ウェブサイトを見ながら、好きなタイプの作家名を数名ザッピングして、それを伝えると近いイメージが出てきやすくなるのです。

これらの方法はほんの一部の例ですが、まずは実際にネットで買ってみることが一番です。そこから自分なりのベストな方法が見つかるに違いありません。

10万円以内で買えるおすすめアーティスト20

深澤雄太（ふかざわ・ゆうた）　東京藝術大学在学中。その作品のモチーフはどこにでもある何気ない日常の風景なのだが、彼の腕にかかると鮮やかな色彩に変化してしまう、まさにマジシャン。白黒写真の上に人工的に色をつけた１９６０年代の総天然色のような味わいをもつが、それは実際には存在しない色合いであり、深澤雄太のフィルターを通してでしか描かれない色彩の世界だ。

小池正典（こいけ・まさのり）　TDW ART FAIRで見事グランプリを獲得。彼のつくる小さな立体作品それぞれには個別のストーリーが込められている。万物が生まれ、その後形を変えながら滅びていくというその過程を粘土やドローイングで表現している小池は、有田窯業大学校専門課程で学んだ造形物のつくり方によって粘土に魂を注入している。

上床加奈（うわとこ・かな）　まだ若くアーティストとしての対外的な展示などもほぼ初めてといった新人ながら、その圧倒的な構図のうまさと線の描写の確かさは同世代のアーティストの中でも群を抜く。極めて日本的なモチーフで描いているが、そこには震災を意味するなどコンセプチュアルな表現を巧みに作品の中に入れている。

橋本仁（はしもと・じん）　東京藝術大学の修了作品展では東京都知事賞を受賞し、鉄で鍛造された作品は上野恩賜公園に設置された。大学院に進学後も東京藝術大学安宅賞を受賞するなど、その活躍にはめざましいものがある。台北のG.Galleryでの展覧会開催と同時期に、タグボートの主催イベント「Indepedent台北」でも１００名以上の参加者を抑えてまたまたグランプリを獲得した。

足立篤史（あだち・あつし）　足立篤史が作品を制作するにあたり、コンセプトの土台としているのは「記憶を記録すること」。主に古い新聞記事を素材に、それまで人間が経験した遠い昔の記憶の中にあるモノを今の時代に表現しようと試みている。

渡辺おさむ（わたなべ・おさむ）　フェイククリームアートという独自の技法で作家としての道を切り開く渡辺おさむは、アート界のクリーム王子という異名がつく程唯一無二の作家として、高い人気を集める。菓子のクリームをアートに置き換えるという、着眼点の面白さもさることながら、思わず触りたくなるような可愛らしさや、美術品としての気品を纏う存在感が作品の魅力だ。

坪山斉（つぼやま・ひとし）　坪山斉は仙台で生まれ育ち、東京藝術大学の油画を卒業。タイペイダンダイに出品。作品をよく見ると、地形図の等高線によって区切られた面を今度は個性や特徴を消すかのように塗りあげている。　その立体と平面とを行ったり来たりじっくりと見てみると、自然と肖像画のもつ個性が失われてゆき、なぜか外から眺めた風景のようなものを感じる。

佐々木敬介（ささき・きょうすけ）　１９９３年生まれの佐々木敬介は、東京藝術大学日本画専攻に現役で入学し、２０１７年3月に大学院を修了した。全国美術大学奨学日本画展の入選や三菱商事アート・ゲート・プログラムの複数回の入選、東京藝術大学安宅賞受賞など、大学在学時より多方面で評価されており、作家として早くも頭角を現している真の実力者だ。

杉田陽平（すぎた・ようすけ）　アート界の革命児として注目を集め続ける画家・杉田陽平。美大在学中から頭角を現した杉田氏は数々のアワードを受賞し、一躍、時代の寵児に。その後も着実に実績を積み、作品を精力的に発表。近年は抽象画に戻り、アクリル絵具の皮をコラージュした平面・立体作品を制作している。

石川美奈子（いしかわ・みなこ）　石川美奈子の作品の真骨頂は、一本の細いアクリルで描かれた線をその配色を微妙に変えながら幾千にも並べられたその美しさにある。透明のアクリル板の上にレインボーカラーで作品を彩ったと思えば、白いキャンバスの上にブルー一色に描くといったように変幻自在に形を変えながら、グラデーションで見る人を魅了させていく。

徳永博子（とくなが・ひろこ）　アクリル板を丁寧に削りながら描く繊細で儚い表情が、なんとも印象的な作品群。それは、幻想的であり決して掴むことのできない刹那的な美しさがある一方、幾重にも重なり集合体となることで、厳かで神秘的なオーラを纏いながら、永遠を想わせるようなスケール感を放つ。

ホリグチシンゴ　東大寺学園出身でずば抜けた頭脳をもち、多摩美術大学大学院を卒業したばかりの期待の新人。模型の形をそのままキャンバス上に表現するのではなく、写真撮りとパソコンとを経由することで無機質な表層のデータだけを抜き取って描く。独特の世界観は常人の考える域を超え、新しい空間を演出する。

小木曽ウェイツ恭子（こぎそ・うぇいつ・きょうこ）　武蔵野美術大学大学院を修了した後、制作のブランク期間に2人の子どもに恵まれながら、絵を描きたいという衝動はずっともっていた。アーティストであり、母でもあるという小木曽の強さが作品に出ている。ミニマルかつ単純化させる作業の中で、力強さが生まれる作品は色調に味わいがあり、筆さばきも確かな実力をもつ作家である。

あたり　あたりは筑波大学大学院に在籍している三隅幸ほか、同筑波大学内で出会った3名で構成されるアート・コレクティブ。彼らはアートとテクノロジーの交差点を極めており、ユニークな見た目は観るものを楽しませるだけでなく、コンセプトと科学的からくりを知ることで作家の意図が理解できる。日本初の新しいコンテンポラリー・アートのトレンドを生むであろう。

市川詩織（いちかわ・しおり）　海外のタブロイド紙に掲載されている風刺画のような雰囲気をもつドローイング・アーティスト。犬などの動物を主役としながらも、人間を対象に皮肉たっぷりにユーモアを交えた表現がある。東京藝術大学現役合格する実力のもち主なだけに、そのセンスと表現する技術は抜群に高い。訴えたいメッセージとそれをユーモラスに描く対象との差が心地よいくらい心に響く。

ayaka nakamura（あやか・なかむら）　武蔵野美術大学の版画専攻を卒業後、繊細かつ力強い画面づくりを目指し、油画、映像、版画など幅広く制作する。アーティストのミュージックビデオやアートワーク、テレビ番組のアニメーション、装丁のイラストなどを手がける。六本木アートナイトでは幅7mもの巨大なライブペイントを行うなど、イベント出演も得意とする。海外でのレジデンスや展覧会などで実力を発揮し、急成長中の作家のひとりである。

新藤杏子（しんどう・きょうこ）　「生物の営み」をテーマに表現するアーティスト。にじみを生かしたタッチで描かれる人物たちとその空気感は、一瞬にして鑑賞者を作品世界へと引き込む。描かれているのは一見かわいらしい子どものように見えるが、小説、マンガ、おとぎ話などの日本のサブカルチャーや、彼女自身の実体験をもとに、現代におけるもののあり方、人とのかかわり、彼女の思考を表現している。人気急上昇中であり、今後も作品価値が高まっていくであろう。

姉咲たくみ（あねざき・たくみ）　建築学を専攻し、その一方で、独学でペン画を学んだ。独自の建築物を描いた作品は、驚くほど緻密な筆致と、驚異のイマジネーションから成り立っている。超未来建築の形態と物語についての制作と研究を行い、それらを作品として表現する一方、自らの作品をキュレーションする意欲的な展示も行っている。現在、東京を中心に国内、海外で活動。

コムロ ヨウスケ　幼い頃から絵を描くことに親しみ、アートやデザインを学び、アメリカ留学を経てグラフィックデザイナーに。その傍らアーティストとして、単純さと明快さを追求するスタイルで制作。表現はシンプルかつミニマルでありながら、具象性と理論性をもつ。アメリカでの生活や、世界各国の旅を通じて、西洋文化に大きく影響を受けた。東西のハイブリッドな要素とスタイリッシュさが魅力である。

榎本マリコ（えのもと・まりこ）　日本画家であった祖父母の影響もあり、幼い頃から自然と絵のある環境で育った。ファッションを学んだのち、独学で絵を描き、書籍装画やCDデザインなどで活躍している。ニューヨークなど海外でも精力的に展示し、人気を集める。人間と動物や植物が一体となった情景など、不思議でシュールな雰囲気を醸し出す作品は社会の現実や、現代の人々の心境を映し出している。

10万円を超えるがチャレンジしたい注目アーティスト20

東芋（たばいも）　1975年兵庫県生まれ。1999年京都造形芸術大学芸術学部情報デザイン学科卒業。日本独自の風景を、ユーモラスに、そして、不気味さと不安感を伴う世界観で表現した映像作品で知られる。2007年ヴェネツィア・ビエンナーレに出展。

天明屋尚（てんみょうや・ひさし）　日本伝統絵画を現代に転生させる独自の絵画表現「ネオ日本画」を考案し、権威主義的な美術体制に対して、絵で闘う流派「武闘派」を旗揚げ。その反骨精神溢れる覇格な美の系譜をローマ字で「BASARA」と総称し、日本の文化軸と歴史軸を直結させ美術史をダイナミックに改変する独自のコンセプトのもと、作品展開をしている。

松井冬子（まつい・ふゆこ）　古典的な日本画の技法を用いて、恐怖、狂気、ナルシズム、性、生と死などをテーマに精神的肉体的な「痛み」を視覚的に感じさせる作品を描いてきた。幽霊や臓物を露わにした女性像など、目を背けたくなるような不気味でおぞましい姿を描きながらも、異様な美しさと気品をたたえ、観るものを魅了する。

森山大道（もりやま・だいどう）　モノクロでコントラストが強く、ギラっと締まった印象的な黒。粒子の粗さ、躍動感、ダイナミックな構図。街のあらゆる存在が撮影対象となり、一枚一枚の写真から街の呼吸が伝わってくる。世界中の街を歩き回り、その姿をカメラに収めてきた。近年では国立国際美術館やテートモダン（ロンドン）で行われたウィリアム・クラインとの合同展他、国内外で大規模な展覧会が開催され、世界的に高い評価を受けている

山口晃（やまぐち・あきら）　1996年東京芸術大学大学院美術研究科絵画専攻（油画）修士課程修了。合戦図、時空の混在、さらには画面を埋め尽くすように描き込まれた街の鳥瞰図等のモチーフを使い、観客を飽きさせないユーモアとシニカルさを織り交ぜた作風が特徴。

田名網敬一（たなあみ・けいいち）　1936年東京生まれ。武蔵野美術大学デザイン科卒業。1987年フランスのアヌシー・シャトウ美術館で個展、1992年池田20世紀美術館で「田名網敬一の世界展」、2004年KPOキリンプラザ大阪で「田名網敬一＋宇川直宏 ディスコ・ユニバーシティ展」開催。現在、京都造形芸術大学教授。

照屋勇賢（てるや・ゆうけん）　1996年多摩美術大学油絵科卒業。2001年、スクール・オブ・ビジュアル・アーツ修士課程修了。現在はニューヨーク、ブルックリンを拠点に活動を続けている。2002年にはVOCA展の奨励賞を受賞。ニューヨークにおいてもP.S.1とMoMAが合同で企画した新人発掘展「Greater New York」に選出される。2005年には「横浜トリエンナーレ」に日本代表のひとりに選ばれた。

Chim↑Pom（ちん↑ぽむ）　2005年、卯城竜太・林靖高・エリイ・岡田将孝・稲岡求・水野俊紀により結成。時代と社会のリアルに全力で介入した強い社会的メッセージをもつ作品を次々と発表。映像作品を中心に、インスタレーション、パフォーマンスなど、メディアを自在に横断しながら表現している。東京をベースに、世界中でプロジェクトを展開。

やなぎみわ　神戸生まれ。京都市立芸術大学大学院美術研究科修了。若い女性が自らの半世紀後の姿を演じる写真作品「マイグランドマザーズ」シリーズ、実際の年配の女性が祖母の想い出を語るビデオ作品「グランドドーターズ」を制作。2009年ヴェネツィア・ビエンナーレ日本代表に選出され世界的に活躍。

ヤノベケンジ　3歳児用放射能感知服、黄色のミニ・アトムスーツを身にまとい、バーコード頭にちょび髭をつけたキャラクター「トらやん」は、そのユーモラスかつシニカルな姿で注目を集め、時にミニチュアサイズで増殖し、時に超巨大ロボットとなって火を噴いて、フィクションの世界とリアルな現実とを媒介する。

舟越桂（ふなこし・かつら）　日本が世界に誇る彫刻家。世界的な展覧会に数多く出品し、人気・実力ともに不動の評価を得ている。観音像のような神秘的で繊細な表情と、静謐で瞑想的な雰囲気をもつ木彫半身像が印象深い作品群。永遠を見つめるかのような澄んだ眼差しが、誰もが共感できる郷愁感をもち合わせ、一瞬にして鑑賞者を引き込み魅了する。

名和晃平（なわ・こうへい）　「ＰｉｘＣｅｌｌ＝Ｐｉｘｅｌ（画素）＋Ｃｅｌｌ（細胞・器）」という独自の概念をもとにビーズやプリズム、シリコーンオイルなどさまざまな素材やテクノロジーを用いて先鋭的な彫刻、空間表現を展開し続ける。情報社会においてデジタルとアナログの間を揺れ動く身体と知覚、感性のリアリティを表現する。日本の現代美術界を牽引していく若手アーティスト。

菅木志雄（すが・きしお）　１９６０年代終わりから70年代にかけて日本で活動した「もの派」と呼ばれる潮流の代表的作家のひとり。木材や石、金属片、ガラス板などの素材を自在に操り、それらを時に融和させ、時に対峙させながら空間に配置し作品を構成している。近年、菅の作品は再び注目を集め、半世紀に及ぶその一貫した活動は国内外で高い評価を受けている。

荒木経惟（あらき・のぶよし）　「天才アラーキー」として、90年代にブームを巻き起こし、独自のエロス観・情愛を感じさせる写真で注目を集めた。私生活や自身の妻、日常にむけられたその視点が、後の世代の写真家に多大な影響を与えた日本を代表する写真家。写真が好き、人間が好きという、彼自身の感情が写真の中の被写体から滲み出ているように伝わってくる、写図老人の作品に期待がかかる。

大竹伸朗（おおたけ・しんろう）　文学や音楽、デザイン、写真の要素を取り入れたポップな作品やコラージュなど、子どもから大人まで世代を超えて幅広く人気を集める。80年代に新世代のペインターとして鮮烈なデビューを飾り、衝動性を根幹に据え、ユニークな絵画、立体、印刷物など多彩な活動を展開してきた。海外でも根強い人気を得ており、日本の現代アートシーンの最先端で躍進を続けている。

小谷元彦（おだに・もとひこ）　京都に生まれ、東京藝術大学美術学部彫刻科、同大学院美術研究科を修了し、東京を拠点に活動中。ヴェネチア・ビエンナーレの日本代表作家にも選出されるなど、海外からも高い評価を受けている。写真、映像、インスタレーションなど多岐にわたる手法や素材似寄り、身体を渦巻くダイナミズムを表現することに挑む。

加藤泉（かとう・いずみ）　胎児のような不思議な生きものを大胆に描き出す。絵筆を使わず自らの指を使って描き出された生命体は、どこかプリミティブで不思議な存在感を漂わせる。多くの作品は「無題」とされているが、作品に特定の意味を与えず、観る者の自由な解釈に委ねている。欧米、アジアを問わず国内外に根強いファンをもち、今後も活躍が期待されるアーティスト。

金氏徹平（かねうじ・てっぺい）　フィギアやおもちゃ、ペットボトルなど、消費社会において既成のイメージをもつ物質、製品を用いて、それらを分解し、溶け合った有機的な形へとコラージュする作品で注目される。彫刻、絵画、インスタレーションなどその表現方法は幅広く、異なる素材を組み合わせた作品は作家にも予測不可能な展開を見せる。

塩田千春（しおた・ちはる）　ベルリンを拠点に国際的な舞台で活動を繰り広げる。糸を空間全体に張り巡らせた巨大なインスタレーションで知られるほか、ドローイング、写真、パフォーマンスなどで表現する。アイデンティティなど誰もが共感する普遍的なテーマをコンセプトにした作品は世界中の人々を魅了してやまない。

田中功起（たなか・こうき）　現代社会の状況や既成の枠組みに焦点を当て、映像、インスタレーション、執筆、パフォーマンスといったさまざまな表現方法で、作品を発表している。世の中を取り巻く物事に対して、異なる視点を示す表現が高い評価を得ている。近年ではヴェネツィア・ビエンナーレ国際美術展の日本館における展示で特別表彰を受賞するなど国際的にも人気が高まっている。

エピローグ　文化を育てていく

日本のアートマーケットの夜明けが近づいています。それを現場の中にいて実感しています。

これまで日本のアートシーンにはコレクターが不在だと言われてきました。

ただそれは、アートを買えなかったわけではなくて、アートのもつ価値が正しく理解されていなかったことが理由だと分かりました。

本格的なブームというところまで行くかどうかは分かりませんが、アートが資産のひとつになるということが広く知れ渡れば、アートマーケットの拡大に寄与できることは間違いありません。

わたしたちが日本にアートを買う習慣を根づかせていきたい理由は、これからの子どもたちやアーティストの未来を考えているからです。

せっかく素晴らしい作品をつくる才能をもって生まれた人たちが、その価値を認めてもらえる世の中にしていきたいからです。

現在の日本の文化は漫画やアニメ、ゲームといったサブカルチャーばかりがもてはやされ、クールジャパンの名のもとに多くのお金が集まり産業化しています。
その一方で、アートに対する産業界からの資金は微々たるものですし、注目度は高くありません。それはアートに対する理解を深めてもらうための努力が足りていないからでしょう。

アーティストがアート作品をつくることで食べていけるだけの収入を得ることを夢物語に終わらせないためには全力でアートの価値を知ってもらう啓蒙活動をしなければなりません。

アートの社会的、文化的な側面と投資的な側面の両方にメリットがあることは必ず理解してもらえるはずです。

アーティストが活躍する土壌を広げることは、文化を育てていくことにつながります。

芸術としての価値を認めてそれを買う行為は日本的な「粋」でもあり、その「粋」な行為が回りまわって自分の資産の拡大につながり、最後には社会貢献にまでつながります。
そのような「粋」に憧れる人が増えていく世界を想像してみましょう。

日本のアーティストがプロフェッショナルとして生きていき、世界へと羽ばたく人が一人でも多くなることを心から祈っております。

2019年3月吉日

著者より

【著者略歴】
徳光健治（とくみつ・けんじ）
株式会社タグボート 代表取締役
山口大学卒業後、双日、アーサー・アンダーセン、サイバードなどを経て、アジア最大級の現代アートのオンライン販売「tagboat」を運営するほか、銀座にもギャラリースペースを構える。日本の現代アート市場拡大のため、一般の方にも気軽に買える機会をつくるべく奮闘中。 とくに若手アーティストがプロとして活躍できる環境づくりに力を入れている。

タグボートWEBサイト　http://www.tagboat.com/

教養《きょうよう》としてのアート　投資《とうし》としてのアート

2019年 4月21日　初版発行

発行　**株式会社クロスメディア・パブリッシング**
発行者　小早川 幸一郎
〒151-0051　東京都渋谷区千駄ヶ谷 4-20-3 東栄神宮外苑ビル
http://www.cm-publishing.co.jp
■本の内容に関するお問い合わせ先 …………………… TEL (03)5413-3140 ／ FAX (03)5413-3141

発売　**株式会社インプレス**
〒101-0051　東京都千代田区神田神保町一丁目105番地
■乱丁本・落丁本などのお問い合わせ先 ……………… TEL (03)6837-5016 ／ FAX (03)6837-5023
service@impress.co.jp
（受付時間　10:00 ～ 12:00、13:00 ～ 17:00　土日・祝日を除く）
※古書店で購入されたものについてはお取り替えできません

■書店／販売店のご注文窓口
株式会社インプレス　受注センター …………………… TEL (048)449-8040 ／ FAX (048)449-8041
株式会社インプレス　出版営業部 ……………………………………… TEL (03)6837-4635

カバー・本文デザイン　金澤浩二（cmD）
DTP　荒好見（cmD）

校正・校閲　konoha
印刷・製本　中央精版印刷株式会社
ISBN 978-4-295-40294-7　C2034